PENSAMENTO EM MUTAÇÃO
A TRAJETÓRIA DE UMA EDITORA

PENSAMENTO—CULTRIX 100 ANOS

1907—2007

ADILSON SILVA RAMACHANDRA

PENSAMENTO EM MUTAÇÃO
A TRAJETÓRIA DE UMA EDITORA

PENSAMENTO—CULTRIX 100 ANOS
1907—2007

Pensamento
SÃO PAULO

Copyright © 2007 Adilson Silva Ramachandra.

Todos os direitos reservados. Nenhuma parte deste livro pode ser reproduzida ou usada de qualquer forma ou por qualquer meio, eletrônico ou mecânico, inclusive fotocópias, gravações ou sistema de armazenamento em banco de dados, sem permissão por escrito, exceto nos casos de trechos curtos citados em resenhas críticas ou artigos de revistas.

Preparação de originais: Melania Scoss.
Organização e montagem de originais: Roseli de Souza Ferraz.
Coordenação editorial: Nilza Agua.
Tratamento de imagens: Suzana Riedel Dereti.
Diagramação: Macquete Produções Gráficas.

Dados Internacionais de Catalogação na Publicação (CIP)
(Câmara Brasileira do Livro, SP, Brasil)

Ramachandra, Adilson Silva
  Pensamento em mutação : a trajetória de uma editora : Pensamento-Cultrix 100 anos : 1907-2007 / Adilson Silva Ramachandra. -- São Paulo : Pensamento, 2007.

  Bibliografia.
  ISBN 978-85-315-1517-0

  1. Cultrix (Editora) - História 2. Pensamento (Editora) - História I. Título.

07-9930   CDD-070.509

Índices para catálogo sistemático:

1. Cultrix : Editora : História   070.509
2. Editora Cultrix : História   070.509
3. Editora Pensamento : História   070.509
4. Pensamento : Editora : História   070.509

O primeiro número à esquerda indica a edição, ou reedição, desta obra. A primeira dezena à direita indica o ano em que esta edição, ou reedição, foi publicada.

Edição	Ano
1-2-3-4-5-6-7-8-9-10-11	07-08-09-10-11-12-13

Direitos reservados
EDITORA PENSAMENTO-CULTRIX LTDA.
Rua Dr. Mário Vicente, 368 – 04270-000 – São Paulo, SP
Fone: 6166-9000 – Fax: 6166-9008
E-mail: pensamento@cultrix.com.br
http://www.pensamento-cultrix.com.br

Este livro é dedicado a Layla Blumer, Elaine Martin Gimenez e a Patrícia do Valle Guillen, que sempre me ajudaram a me compreender melhor e por terem contribuído tanto na minha transformação pessoal, o que me ajudou muito a escrever este livro histórico.

GRATIDÃO E AMOR ETERNOS!

A Editora Pensamento-Cultrix
na Voz de Seus Funcionários, Livreiros, Autores, Amigos e Colaboradores

"A Editora Cultrix é a única entre meus editores que publicou todos os meus livros e aquela com que tenho mantido o melhor dos relacionamentos desde o começo. Ainda recordo minha primeira visita à casa há 25 anos. Diaulas Riedel recebeu-me afetuosamente, mostrou-me as instalações e apresentou-me aos funcionários. Após percorrer os escritórios, ele me apontou uma belíssima biblioteca com as paredes cobertas de estantes e uma confortável poltrona no centro. "É aqui", disse ele, "que me sento para ler" – uma comovente introdução ao verdadeiro espírito editorial.

Quando Ricardo assumiu a casa, logo nos tornamos amigos íntimos e foi com imenso prazer que o vi levar adiante a tradição de seu pai. Congratulo-me sinceramente por seu centésimo aniversário e espero que as edições brasileiras de meus futuros livros continuem a sair pela Editora Cultrix. Com afeto e os melhores votos."

– **Fritjof Capra** (Autor dos best-sellers *O Tao da Física, O Ponto de Mutação, A Teia da Vida*, entre outros, publicados pela Editora Cultrix)

"Creio que a Pensamento é uma Editora *sui generis*, porque, em seu campo, ela é única. Os outros que tentam publicar livros dentro deste setor ficam longe... pois publicam o livro mais popular, não o livro para o entendedor, não para o erudito, para o conhecedor, a pessoa que realmente quer expandir o seu conhecimento em determinada área. Livros sérios, livros bem traduzidos, bem apresentados. Por isso a Pensamento é uma das pouquíssimas editoras que têm reedições [nestas áreas] uma após a outra, uma após a outra..."

– **Karin Schindler** (Agente literária)

"Ricardo, certamente não lembrará de mim, você era um menino. Tive o raro privilégio de conviver e de ser amiga de Jorge Zahar, Ênio Silveira e de seu pai. Volta e meia jantávamos juntos quando ele ia ao Rio; com Ani, o Millôr, era uma festa. Convivência que me tornou uma pessoa melhor, que me abriu os melhores horizontes possíveis, pois a qualidade deles estimulou, sobretudo, a minha curiosidade. Curiosidade pelo saber e o mais derramado amor pelos livros. Assim, receba os meus cumprimentos mais enternecidos: você trouxe a Editora do seu pai até os 100 anos. Não é pouca coisa. Diaulas estaria muito orgulhoso – até posso imaginar a conversa que teve com Jorge, cuja risada ainda ouço, em torno de um *Cutty Sark*. Tenho imensa saudade deles. Abraço afetuoso."

– **Tuca Magalhães**

"Meus parabéns pelo centenário da Pensamento-Cultrix. Creio que no momento ela está na vanguarda de seu tempo, publicando livros independentemente de seu ganho financeiro e que vão, provavelmente, mudar o pensamento da cadeia das gerações."

– **Rose Marie Muraro** (Escritora)

"Iniciei minha carreira nesta brilhante Editora e hoje sou publicado em mais de 40 países, com mais de 5 milhões de livros vendidos nas mais diversas línguas. Parabéns à Cultrix pela gentileza, generosidade e inteligência com que trata seus autores e suas idéias!

Uma excelente editora publica muito mais do que livros, mas um notável conhecimento que gera força para o cansado, criatividade para o estudante, alegria para o abatido, idéias para o pensador.

Os editores da Cultrix são poetas no mundo das letras!

Um abraço especial a meu amigo Ricardo Riedel e a toda equipe da Cultrix."

– **Augusto Cury** (Autor de *Inteligência Multifocal* – Editora Cultrix)

"Ricardo, gostaria de transmitir-lhe minha sincera admiração por sua tarefa como editor, abraçando a responsabilidade quase infinita de formador de opiniões, de expositor de idéias e tendências, tendo nas mãos a possibilidade de influenciar e alterar os caminhos de muitas vidas. Esse privilegiado discernimento é para poucos – não fosse essa a conduta da Pensamento, não estaria tão presente por todo um século."

– **Jean Bergerot** (Autor de *Nada é o que Parece* – Editora Cultrix)

"Tenho a honra de colaborar com a Editora Cultrix desde 1966, quando, a pedido do grande poeta e saudoso amigo, José Paulo Paes, fui convidado a escrever um livro sobre o Pré-modernismo brasileiro. Foi minha obra de estréia como historiador da Literatura Brasileira. Em seguida, ainda atendendo à solicitação do poeta, e com pleno apoio de Diaulas Riedel, editor generoso e clarividente, compus a *História Concisa da Literatura Brasileira* que, desde 1970 até hoje, vem resistindo à usura do tempo.

É, portanto, com satisfação que me associo à atual comemoração dos 100 anos da Editora Cultrix, que tanto contribuiu para a difusão da cultura humanística nacional e internacional."

– **Alfredo Bosi** (Autor de *História Concisa da Literatura Brasileira*, Editora Cultrix)

"Eu tenho aprendido que as coisas importantes na vida não precisam ser complicadas. Quando existe uma consciência maior e um desejo de que o bem de todos seja atingido, tudo se torna simples. A Pensamento reflete essa simplicidade. Sinto uma gratidão profunda pela Editora e por todas as pessoas que dela fazem parte. Mais do que um "negócio", sinto que a Pensamento possui "alma". Difícil explicar, mas só pode vir da alma da Pensamento essa sensação de acolhimento, confiança e carinho que sinto todas as vezes em que trabalhamos juntas, tecendo teias de sonhos e realizações, criando, brincando, expandindo visões. Aqui fica minha gratidão e reconhecimento da seriedade, comprometimento com o bem maior e amorosidade que encontro todas as vezes que trabalho com a Pensamento."

– **Patrícia Gebrim** (Autora do *best-seller Palavra de Criança*, Editora Pensamento)

"Fiz uma experiência muito importante com esta Editora: nunca fui censurado. Todos os textos que lhe apresentei foram publicados sem alterações, sem cortes, sem adaptações. E isso sempre foi muito importante."

– **Trigueirinho** (Autor, filósofo e palestrante)

"[...] mas o que eu posso garantir é que encontrei aqui um ambiente que não encontrei com muita facilidade fora [desta casa editorial], e esse ambiente pode ter sido motivado por essa herança [espiritualista] da Pensamento-Cultrix."

– **Prof. Massaud Moisés** (Autor)

"É comum nós [até hoje] recebermos cartinhas [...] recebemos até bilhetinhos; como se a pessoa estivesse escrevendo para um amigo íntimo: 'Olha, sobre o livro de vocês [...] eu adorei, beijos e tal.'"

– **Valdir P. Caldas** (Gerente Administrativo)

"[...] nos anos oitenta, foi a descoberta do mundo em relação ao livro, o papel da Pensamento foi generoso com o universo dos livros."

– **Rosely Boschini** (Atual Presidente da Câmara Brasileira do Livro)

"Eu tenho a impressão de que a Pensamento-Cultrix, as duas, estão numa média entre as cinqüenta maiores editoras do país que produzem constantemente, editando livros, portanto elas têm uma representação muito boa no mercado editorial brasileiro no seu segmento [esotéricos e auto-ajuda] pioneiro.

O Diaulas Riedel foi um editor que contribuiu muito para o desenvolvimento do livro no Brasil, e editou sempre uma linha sadia, em todos os pontos de vista. Se você pega o catálogo da Pensamento-Cultrix, não vai encontrar nada que decepcione.

Eu acredito que a contribuição da Editora Pensamento, voltada para o seu segmento editorial, é a maior contribuição que ela oferece graciosamente ao desenvolvimento cultural do Brasil."

– Oswaldo Siciliano (Ex-presidente da Câmara Brasileira do Livro)

"[...] quando faleceu o Diaulas [...] quem iria continuar? Então eu acho que foi uma coisa boa para o livro, para a espiritualidade e para a cultura o fato de, hoje, nós termos o filho do Diaulas [Ricardo Riedel] tocando a Editora. Eu acho que é importante, mas agora estou falando como um fã da Editora e ao mesmo tempo como um consumidor dos livros de lá. Sem o Ricardo, a Editora ficaria acéfala. Graças a Deus ela chegou aos cem anos e vai chegar a muito mais ainda."

– Cosmo Juvela (Ex-funcionário e Presidente da Editora Meca)

"Edições Loyola através de seus diretores e funcionários quer expressar nesta data comemorativa do Centenário desta Casa Editorial sua admiração pela vocação denotada à cultura brasileira e o permanente diálogo estabelecido com as diversas culturas através da diversidade temática produzida, garantindo de modo exemplar sua vocação pelas idéias e liberdade de expressão.

Com nosso especial apreço."

– Padre Danilo Mondoni e **Padre José Carlos**
(Diretor Presidente e Diretor Administrativo das Edições Loyola)

"Ao Ser Centenário,
100 Anos, novo ciclo, nova vida!
E que o mundo continue se transformando pelas páginas dos livros da Pensamento-Cultrix. Gratidão eterna.

É uma honra e um privilégio ter participado nos últimos dezenove anos da passagem centenária e triunfante da Editora Pensamento, testemunhando a sua extraordinária e inovadora contribuição ao mundo do livro. Reverencio e agradeço a todos aqueles que, em muitas dimensões de Vida e consciência, têm tornado possível essa realidade.

Parabéns, Editora Pensamento! Vida eterna para o seu legado de sabedoria perene e espiritualidade universal!"

– Sônia Café (Pesquisadora e autora de vários livros publicados pela Editora Pensamento)

SUMÁRIO

APRESENTAÇÃO de RICARDO RIEDEL 13

PREFÁCIO de LUÍS PELLEGRINI 15

AGRADECIMENTOS do AUTOR 19

I. INTRODUÇÃO 21

II. AS ORIGENS 23
1850–1889: Espiritismo e Positivismo-Cientificista. – O Esoterismo, a Espiritualidade
        e a Ciência na Segunda Metade do Século XIX 23
1890–1907: O Imigrante e o Editor – Antonio Olívio Rodrigues: História e Trajetória
        de um Visionário 32

III. CEM ANOS DE HISTÓRIA 39
1907–1922: Nossas Forças Editoriais – Pensamento, Magnetismo e Comunhão:
        A Fundação da Editora do Círculo e o Almanaque 43
1923–1943: Alegria e Triunfo – A Trajetória da Editora: Crescimento e Consolidação
        de um Ideal 60
1944–1956: A Sabedoria e o Destino – Diaulas Riedel: "O Teósofo", o Pesquisador
        e o Editor. Começa a Grande Transformação. 69
1957–1963: Novos Rumos, Outros Mundos - A Fundação da Cultrix e a Expansão do
        Pensamento – Ocultistas e Intelectuais. As Coleções e a Cia. Brasileira
        Divulgadora de Livros 85
1964–1979: Futuro Fantástico – Vanguardas e Novas Perspectivas – Cibernéticos,
        Parapsicólogos e Ecologistas: A Editora Cultrix a Frente de seu Tempo –
        Reconhecimento e Consolidação 103
1980–1996: O "Profeta" e a Renovação da Ciência – Diaulas Riedel e a Nova Era:
        Promessas, Mudanças e Transformações 119
1997–1999: Admirável Editor Novo – Equilíbrio e Recompensa: Ricardo Riedel Entra
        em Cena – Entre a Tradição e a Renovação 137
2000–2007: Nem só a Propaganda é a Alma do Negócio: Espiritualidade, Administração
        Sustentável, Medicina Alternativa e Alfabetização Ecológica: Outro Editor,
        Outras Revoluções – A Conexão Pensamento-Cultrix 149

IV. SÍNTESE DE UM SÉCULO: UM PROJETO, TRÊS EDITORES — PERSPECTIVAS PARA O FUTURO — O ESOTERISMO NO SÉCULO XXI 157

EPÍLOGO de TRIGUEIRINHO 167

POSFÁCIO de MASSAUD MOISÉS 169

ANEXO I: Os Logotipos da Pensamento-Cultrix: Cem Anos de Simbologia Oculta 171
ANEXO II: Cem Anos em Epígrafes: Os Amigos e Colaboradores da Pensamento-Cultrix 173
ANEXO III: A Cronologia da Transformação: Cem Anos em Datas Históricas 176
ANEXO IV: A Atual Família Pensamento-Cultrix; Funcionários e Colaboradores 180

FONTES 181

BIBLIOGRAFIA 182

SOBRE O AUTOR 184

APRESENTAÇÃO

EM PRIMEIRO LUGAR, eu gostaria de dedicar este livro a todas as pessoas que ajudaram a construir a história da Editora Pensamento-Cultrix ao longo destes cem anos, que colaboraram para que ela sempre continuasse fiel a seus ideais e princípios. Este livro relata a experiência de um século de jornada, registrando vitórias e os desafios que o marcaram.

Cem anos de múltiplas, contínuas e duras transformações. A saga da Editora Pensamento-Cultrix é contada neste livro de Adilson Silva Ramachandra, e de como foi árdua, porém bela, a sua trajetória no mundo do livro brasileiro. Em um país como o Brasil – onde apenas um entre cada quatro habitantes está habilitado para a prática da leitura; onde nossas crianças ocupam os últimos lugares nos estudos internacionais sobre compreensão leitora; onde o índice nacional de leitura é de menos de 2 livros lidos por habitante/ano; e onde a maior parte dos milhões de alfabetizados nas últimas décadas tornou-se analfabeta funcional – chegar a essa comemoração não foi nada fácil.

Tudo começou em 26 de junho de 1907, há exatamente 100 anos, quando o imigrante português Antonio Olívio Rodrigues, meu bisavô, fundava a Editora Pensamento, voltada para esoterismo e espiritualidade, um "delírio" de um homem visionário, à frente de seu tempo. Delírio, pois poucas indústrias sofrem com interesses conflitantes em se visualizar como arte e negócio de maneira tão desconfortável como o ramo editorial. Tentando servir estes dois mestres têm sido sempre difícil.

O primeiro livro da Editora, que marcou a sua fundação, foi *Magnetismo Pessoal*, de Heitor Durville, que já abordava o tema Mentalismo. Este título continua em nosso catálogo até hoje, com vendas acumuladas de 70 mil exemplares, em sua 25ª edição.

Em 1912, a Editora lançou o *Almanaque do Pensamento*, com tiragem de 20 mil exemplares. Hoje sua tiragem é de 160 mil exemplares, com vendas acumuladas de mais de 22 milhões de exemplares, e para felicidade de nossos leitores cativos, nunca falhou um ano em sua publicação.

Em 1943, meu bisavô passou a Editora para meu pai, Diaulas Riedel, então com 23 anos de idade. Apesar de jovem, tinha uma afinidade enorme com tudo aquilo que a Editora publicava, e, seguindo o lema de seu pai – meu avô Arthur Riedel, o "HEI DE VENCER", ampliou enormemente o catálogo da Editora.

Em 1946, junto a outros editores e livreiros em uma reunião na sede da Editora, fundou a Câmara Brasileira do Livro. Meu avô Arthur Riedel, assim como meu pai, também era um visionário e já dava palestras de auto-ajuda pelo Brasil afora – isso nas décadas de 1940 e início da década de 1950.

Em 1956 meu pai, Diaulas Riedel, fundou a Editora Cultrix, buscando um novo nicho de mercado – as áreas de Psicologia, Sociologia, Literatura, Lingüística, etc. e com a ajuda de José Paulo Paes atraiu importantes autores brasileiros destas áreas, como Alfredo Bosi e Massaud Moisés. Desde então, muitos títulos de autores importantes, com livros pioneiros em suas áreas, foram lançados pelas duas Editoras, como Fritjof Capra, Annie Besant, Madame Blavatsky, Wilson Martins, Paul Brunton, Sônia Café, Trigueirinho, Celina Fioravanti, Willis Harman, Krishnamurti, Eliseu Rigonatti, Dalai Lama, Caroline Bergerot, Joseph Campbell, Augusto Cury, Bert Hellinger, Hazel Henderson, Osho, Norman Vincent Peale, Saussure, Ken Wilber, e tantos outros, que compõem hoje nosso catálogo com mais de 2 mil títulos.

Em 1993 foi iniciada a parceria com a empresa de consultoria empresarial Amana-Key, para lançar títulos de vanguarda, fora do pensamento empresarial ortodoxo, e em 2003, com o periódico Meio & Mensagem, voltado à área de Propaganda e Marketing.

Bem, em 1997, com o falecimento de meu pai, assumi a direção das Editoras e juntei administrativamente as duas, mantendo os selos editoriais separados para efeitos de mercado. Incrível que já se passaram 10 anos! Tomei algumas decisões administrativas, mas procuro manter o rumo dentro daquilo que foi traçado ao longo dos anos, além da ética e seriedade que sempre marcaram nossa trajetória, contada em detalhes nas páginas que se seguem, por meio de uma longa pesquisa que, infelizmente, primou pela falta de material. Em muitos casos tivemos que criar documentos orais baseados em entrevistas com vários colaboradores, desde funcionários antigos a várias personalidades do mundo do livro, e também resgatar "todo" o nosso acervo histórico para finalmente conseguirmos selecionar o material que viria a fazer parte deste livro.

Os trechos das entrevistas mantiveram-se praticamente inalterados para caracterizar um tipo específico de documento baseado na história oral, no qual depoimentos dos entrevistados são mantidos em todo o seu contexto original (inclusive erros de português falado, redundâncias, etc.) para tornar-se, desta forma, uma fonte histórica. Outras fontes foram também usadas na falta de documentos oficiais como: antigas propagandas e capas de livros, catálogos, periódicos, etc.

Um século se passou. Realmente é um orgulho enorme. Um estudo realizado por uma publicação especializada mostra que a maior parte das empresas no mundo sobrevive apenas a uma geração e que apenas 4% delas chegam à marca dos 100 anos. E a gente faz parte deste seleto grupo! Vamos agora pensar no novo século que se inicia, tendo a certeza que continuaremos com passos firmes. Meu pai não está mais aqui fisicamente presente – infelizmente – sei que ele gostaria muito. Mas tenho certeza de que ele está espiritualmente celebrando conosco este momento histórico.

Boa leitura!

– RICARDO RIEDEL

PREFÁCIO

DIAULAS, UM VISIONÁRIO
por Luís Pellegrini

ENTRE AS DÉCADAS DE 1980 E 1990 tive o privilégio de trabalhar com Diaulas Riedel como consultor editorial da Editora Pensamento-Cultrix.

Tal privilégio deve-se a dois fatores principais. Primeiro, o de poder desenvolver um forte vínculo não apenas profissional, mas também de amizade pessoal com Diaulas. Segundo, o fato de atuarmos, no campo da edição de livros, num momento histórico muito importante para a civilização e a cultura ocidentais: a criação e implantação, nas consciências individuais e coletiva, do assim chamado paradigma holístico. Estávamos ambos comprometidos, por convicção e sensibilidades pessoais, com esse arcabouço de idéias que, naqueles tempos, ganhava amplitude em todo o mundo.

Sempre tive a sensação de que, se existe algum misterioso projeto superior que determina o destino das pessoas e das coisas, a Pensamento-Cultrix nascera para desempenhar, em nosso país, um papel relevante nesse processo. Esta era também a convicção íntima de Diaulas em relação à empresa que dirigia. Era dessa certeza que ele tirava forças para levar adiante, incansavelmente, o projeto que acabaria transformando a Pensamento-Cultrix não apenas na mais importante editora do setor no Brasil, mas também uma das maiores em todo o mundo.

O ressurgimento do conceito de holismo e a sua cristalização num novo paradigma destinado a influenciar todas as áreas do conhecimento surgiu no bojo de um movimento de contracultura cujas origens remontam à Revolução Industrial, no início do século 19. Foi naqueles tempos, na Europa, que a idéia de uma sociedade baseada na produtividade e no consumismo começou a se desenvolver e a se implantar com assustadora rapidez.

A idéia, na superfície, era boa: através da industrialização, trazer as benesses derivadas das novas tecnologias para todas as camadas sociais, diminuindo os privilégios dos mais ricos e poderosos, e promovendo a ascensão social dos mais desfavorecidos. Ou seja, a construção de um novo modelo de democracia baseado numa melhor distribuição da renda e dos bens que uma melhor renda pode adquirir. Mas, abaixo da superfície, uma força demoníaca espreitava os processos do binômio revolução industrial/sociedade da produtividade e do consumismo: a obsessão pelo lucro e pelo acúmulo do capital.

Várias cabeças pensantes já naqueles primórdios denunciaram as mazelas do que estava por vir, ou seja, os riscos inevitáveis corridos por uma civilização quase inteiramente voltada para a conquista e o acúmulo do poder material, uma civilização na qual a pessoa humana deixaria de ser vista como um ser feito à imagem e semelhança do Divino, para ser entendida como um mero consumidor de bens.

O movimento teosófico, ao qual a família de Diaulas Riedel estava ligada desde as origens da Editora, no início do século 20, foi um dentre os muitos movimentos de contracultura que protestaram e agiram com veemência contra os padrões impostos pela cultura da produtividade e do consumismo insustentáveis. Como está bem claro nas obras de Helena Blavatsky e de seus seguidores, uma cultura baseada em um antropocentrismo exacerbado, no qual a Grande Mãe Natureza é relegada ao papel de mera fornecedora de matérias-primas para a indústria, só poderia resultar em patologias de toda ordem.

Desse conjunto de patologias, a pior delas acabou por se tornar a principal característica da atual civilização: a hipervalorização dos atributos do princípio masculino – agressividade, combate, honra, valentia, conquista, poder, competitividade, etc. –, com uma igual e contrária perda de importância dos atributos inerentes ao princípio feminino – receptividade, solidariedade, tolerância, adaptabilidade, aceitação da diferença, etc.

A grave crise ecológica que vivemos hoje, resultado da exploração insustentável dos recursos naturais, é apenas uma das conseqüências dessas graves distorções e desequilíbrios. Sem falar no estado psíquico geral das coletividades ocidentais, cada vez mais insatisfeitas, mais inquietas e espiritualmente desamparadas, desprovidas tanto da memória clara da sabedoria acumulada no passado quanto de balizas filosóficas seguras que lhes possam nortear o futuro.

A cultura da produtividade e do consumismo nos levou ao terrível beco sem saída de um materialismo cujo esteio é a grande incerteza a respeito do que somos e do papel que nos cabe neste mundo.

Desde o início da implantação desse ciclo histórico de criação de uma cultura decadente, já que baseada na divinização do lucro e do dinheiro, muitas vozes lúcidas e importantes se levantaram ao perceber todas as mazelas a ele inerentes. Tais vozes não se calaram nem mesmo no período conturbado entre as duas Grandes Guerras, bastando ver a produção artística e literária da época que não mediu esforços para denunciar esse estado de coisas.

Foi, no entanto, a partir do início da segunda metade do século 20 que os movimentos de contracultura e de protesto realmente deslancharam. À parte o seu lado folclórico, os movimentos beatniks (na década de 50) e hippie (décadas de 60 e 70), não foram outra coisa senão isso. Ambos desembocaram num movimento de abrangência ainda maior, de amplitude mundial, a New Age (nas décadas de 80 e 90).

Algumas convicções fundamentais desse movimento? A existência, em todas as pessoas, de um "eu impessoal", a nossa "essência divina", que é a mesma para todos nós, coexistindo com um "eu pessoal", diferente em cada um de nós, e de certa forma correspondendo ao que a psicologia chama de "personalidade". O corpo humano não termina na pele, mas vai muito mais longe, através dos seus "corpos de energia", até, teoricamente, o infinito. Da mesma forma que nós somos seres vivos, sensíveis, inteligentes e dotados de uma "alma", assim também é a Terra, nosso planeta-mãe. Esta é, por sinal, a idéia central de uma das teorias ecológicas ao mesmo tempo mais tradicionais e mais revolucionárias surgidas no bojo do novo paradigma holístico, a Teoria de Gaia, do inglês James Lovelock.

Diaulas possuía um extraordinário conhecimento intuitivo de todos esses valores. Em nossas reuniões, duas vezes por mês, quase sempre às quintas-feiras, o que ele mais queria era saber meu parecer quanto aos aspectos formais das obras que me mandara para examinar (se a estrutura era boa, se o texto era claro e objetivo, bem adaptado ao leitor brasileiro, se o autor era bem embasado, se não delirava em excesso, etc.). Raramente ele entrava no mérito do conteúdo da obra. Não precisava. Um sexto sentido o advertia quanto à validade desse conteúdo.

Na verdade, quando hoje rememoro meus contatos com Diaulas, percebo que ele nem sempre escolhia um título por estar totalmente convencido da excelência do seu conteúdo. Sabia que, da mesma forma que "em cada cabeça há uma sentença", como diz o velho ditado, em cada leitor existe uma necessidade distinta. Ou seja, um texto que seria ótimo para um leitor, não produziria qualquer efeito conscientizador em outro leitor, e vice-versa. Havia, assim, necessidade de uma multiplicidade de títulos, de abordagens, de formas e de conteúdos. Por tais razões Diaulas quis e conseguiu um catálogo muito grande para a Pensamento-Cultrix, um catálogo que chegou ao redor de três mil títulos distintos, número de causar inveja até mesmo às maiores casas de edição do mundo todo.

Por outro lado, creio que seu olhar não se detinha apenas nos eventuais efeitos imediatos das obras e autores que publicava. Ia muito mais além, aos tempos futuros – e hoje cada vez mais presentes – em que as sabedorias antes chamadas "esotéricas" estariam perfeitamente inseridas e assimiladas no âmbito dos conhecimentos acadêmicos das ciências, artes, religiões e filosofias. Diaulas foi, nesse sentido, um visionário.

Sou muito grato a ele por tudo que vivemos juntos. Pelas pilhas e pilhas de originais que examinamos. Pelas piadas que ele adorava contar. Pelas críticas ácidas, muitas vezes recheadas de saborosos vitupérios, que ele fazia aos desmandos e crimes de políticos e outras pessoas de poder, bem como a certos "gurus" e líderes espirituais e esotéricos que, segundo ele, "tinham ouvido o galo cantar e não sabiam onde". Pelo chá com biscoitos trazidos pontualmente às cinco da tarde por Therezinha, sua secretária. Pelos freqüentes desapontamentos que experimentei quando percebia que ele preteria o meu parecer sobre determinada obra em favor do parecer diferente de algum outro consultor (Diaulas tinha vários consultores: ouvia a todos com atenção, mas decidia sempre a partir dos seus próprios critérios).

Sou, sobretudo, grato pela sensação que nossos encontros proporcionavam de estarmos realmente "dando o nosso grãozinho de areia", contribuindo para a melhoria e a evolução do mundo e da sociedade. Embora não abrisse mão da postura de homem de negócios, para quem o prejuízo e o insucesso são incoerências que devem ser evitadas ou, pelo menos, contornadas, Diaulas sempre dava, a quem tinha contato estreito com ele, a sensação de que a ação no mundo realmente tem sentido e vale a pena.

AGRADECIMENTOS

NENHUMA INTERPRETAÇÃO DA HISTÓRIA É COMPLETA. Nenhuma pesquisa mostra todos os pontos de vista (ou verdades) e jamais é finalizada. Apenas se chega a resultados satisfatórios e dados são levantados pelo pesquisador/historiador para que no futuro outros possam utilizar as pesquisas anteriores para, quem sabe, trazer-nos uma idéia mais "definitiva" sobre os fatos.

Os trabalhos de pesquisa para este livro se mostraram árduos e inúmeras aventuras foram vividas desde seu início em janeiro deste ano (2007). Tantas que se pudéssemos fazer um *making-off book*, com toda a certeza ele seria bem mais extenso que o projeto original.

O trajeto seguido foi errático e tortuoso. A falta de dados informacionais, tais como arquivos, documentos, catálogos de produção, cartas e outros tipos de fontes, nos deixou muitas vezes à beira do desespero.

Mas qual é o pesquisador que no Brasil, sem memória como é, nunca passou por semelhante situação? Os desafios enfrentados nos tornaram mais perseverantes e os antecedentes de otimismo e pensamento positivo impregnados na história da Editora foram inspiradores nos momentos mais difíceis.

Antonio Olívio Rodrigues, Arthur Riedel, Diaulas Riedel e Ricardo Riedel, cada um no seu devido "tempo e espaço", deram-nos lições transformadoras de coragem ao longo deste maravilhoso trabalho de alta responsabilidade que foi escrever a história dos cem anos da Editora Pensamento-Cultrix.

Como já dissemos, toda pesquisa nessa área não é completa, assim sendo nenhuma lista de agradecimentos também o é. Então agradeço, de forma primordial, especialmente àqueles que não aparecem aqui por algum motivo, pois a história normalmente é escrita por anônimos, não por heróis.

Nossos agradecimentos especiais à "santíssima trindade": Inês Sandoval (proprietária da Livraria Millenium e ex-funcionária da Editora Pensamento-Cultrix), Célia Regina Romero e Maria Aparecida de O. Regino (funcionárias da Editora há mais de 20 anos), sem vocês, que carinhosamente me indicaram para trabalhar nesta empresa, este livro nunca teria existido da forma como foi concebido.

Aproveito também para agradecer a Adriano Frommer Piazzi, da Editora Aleph, que me introduziu no fechado ramo do livro.

Agradeço a Ricardo Riedel por ter colocado um projeto como este em minhas mãos, apesar de eu fazer trabalhos para a Editora há tão pouco tempo. Gratidão eterna por esta oportunidade que me foi oferecida.

Estendo também estes agradecimentos a várias pessoas da Editora: a Thays, Sue Ellen e Sandra, pelo entusiasmo e palavras de conforto nos momentos difíceis; a José Rosa e sua equipe, pelo inestimável valor do resgate de todas as "raridades" a serem fotografadas; a Roseli, Denise e Zilda, do Departamento Editorial, pelo verdadeiro trabalho de "criptografia" no texto inicial do livro; a Valdir, Therezinha, Erika, Verônica, José Vicente e a toda a família da Pensamento-Cultrix, inclusive Suzana Riedel Dereti, por seu maravilhoso trabalho com as imagens do livro, e também a Nilza Agua, por sua enorme contribuição na revisão final desta obra e suas arrojadas idéias de composição e design gráfico.

Aos grandes Luís Pellegrini, Prof. Massaud Moisés e Trigueirinho, pelo prefácio, posfácio e epílogo respectivamente. Com ótimas observações eles tornaram este livro algo muito maior do que seria sem suas magníficas presenças.

Agradecimentos muitíssimos especiais a todos os entrevistados que muito contribuíram para que esta pesquisa "andasse" e também pelos preciosos trechos de suas entrevistas usados na confecção dos boxes deste livro; ao Círculo Esotérico da Comunhão do Pensamento; e ao grande (e inédito!) poeta Sérgio Huber, por todo o seu trabalho com a digitação do livro, das entrevistas e de sua revisão inicial.

E finalmente (mas não menos importante, é óbvio!) a Melania Scoss, que fez a revisão final do texto e o transformou realmente em um livro. Se não fosse a sua infinita paciência, este livro não passaria de um bom catálogo de dados, fatos, curiosidades e interessantes histórias, sem os bons "ganchos" que foram criados por ela.

Quanto aos méritos encontrados neste livro, devem-se às contribuições de todos os envolvidos. Quanto aos erros e imprecisões que porventura sejam encontrados, devem-se exclusivamente a mim, pois, apesar de todo o empenho que coloquei na revisão de cada fato aqui descrito, algum detalhe pode ter passado despercebido.

– O Autor

I. INTRODUÇÃO

PIONEIRISMO, SIM, PIONEIRISMO. ESSA É UMA PALAVRA que poderia, ao longo destes cem anos, "bem vividos", explicar o fenômeno editorial Pensamento-Cultrix.

Fenômeno principalmente em um país como o nosso (um dos últimos a adotar a imprensa, o que só foi acontecer com a chegada da Corte Portuguesa em 1808), em que mais de 80% da população era analfabeta no início do século XX, e os "letrados", católicos em sua maioria, estavam voltados apenas para o universo intelectual tradicional.

Foi, portanto, em um momento em que um termo como "ocultismo" seria considerado pura heresia que surgiu a Empresa Editora O Pensamento. Fundada em 26 de junho de 1907 pelo imigrante português Antonio Olívio Rodrigues, tinha como objetivo publicar livros justamente sobre esse tema, o ocultismo.

Por lançar assuntos tão controversos (como espiritualidade oriental, medicina homeopática, mentalismo, magnetismo, magia, ciências herméticas e sociedades secretas) e também por ter sobrevivido durante tanto tempo (quando sabemos, a partir de dados estatísticos, que apenas 4% das empresas fundadas no mundo todo chegam a completar cem anos de existência), a Pensamento só poderia mesmo ser chamada de verdadeiro fenômeno editorial.

Em um país onde ainda hoje a média de leitura é de apenas 1,8 livro por brasileiro ao ano, podemos imaginar como era na época da fundação. Nas palavras do bisneto de Antonio Olívio, Ricardo Riedel, hoje diretor da Editora: "Era um puro delírio".

* * *

LOGO EM SEUS PRIMEIROS ANOS de existência já haviam sido lançados títulos como *A Força do Pensamento, Nossas Forças Mentais, Dogma e Ritual de Alta Magia, Ciência Hindu Yogui da Respiração, Da Pobreza ao Poder, O Homem é Aquilo que ele Pensa, O Livro do Êxito* e *Nos Templos do Himalaia*. Isso mostra que, no Brasil, ela é a verdadeira precursora do gênero auto-ajuda/autoconhecimento; um gênero editorial que, ao contrário do que muitos pensam, não é um fenômeno recente e imediato.

E muito antes da onda orientalista/ocultista trazida pelo "movimento" da Nova Era (anos 1980) ou pela contracultura (anos 1960/70), via movimento *hippie*, a Pensamento já havia publicado livros sobre esoterismo, orientalismo e magia. O movimento Nova Era – se é que foi um movimento; talvez tenha sido, no máximo, um fenômeno de mídia – será discutido de forma pormenorizada na terceira parte deste livro.

Lançando reedições em prazos muito curtos, a Editora mostrou que mesmo em um país tradicionalmente católico sempre houve uma grande procura por novos conhecimentos e novas perspectivas educacionais e espirituais.

Podemos citar algumas das razões que explicam o fenômeno Pensamento-Cultrix ao longo destes cem anos: uma constante renovação, sem perder de vista suas linhas editoriais por causa de modismos culturais que vêm e vão a cada década; estar sempre à frente de seu tempo em suas publicações; e, acima de tudo, sempre fazer valer o seu grande lema – "livros para um mundo em transformação".

Conseguiu assim um público fiel. E, mais importante, ao lançar livros diferentes, com idéias absolutamente originais, levou seu leitor ao aprofundamento, à pesquisa e à introspecção. O que acabou gerando um novo tipo de leitor e contribuiu para o hábito da leitura no Brasil.

Além disso, inaugurou a moderna indústria cultural do livro – algo impensável naquela época tão deficitária nas letras e com uma população, em geral, tão despreparada – através de estratégias de propaganda que utilizavam como veículo o *Almanaque do Pensamento*, o Círculo Esotérico (os estudos do Círculo eram quase todos calcados nos livros publicados pela Editora) e a mala direta! (que, na época, ainda não tinha esse nome).

* * *

PARA CONTAR A HISTÓRIA DESTES CEM ANOS da Editora Pensamento-Cultrix vamos fazer uma viagem no tempo, voltando até 1850 em busca de suas origens e, a partir de então, acompanhar a trajetória de seus três editores – Antonio Olívio, Diaulas e Ricardo –, aproveitando para falar um pouco do Brasil, de São Paulo e do mundo, e, claro, falar muito de filosofias e livros.

Então boa viagem! Isto é, boa leitura.

II. AS ORIGENS

1850–1889

Espiritismo e Positivismo-Cientificista – O Esoterismo, a Espiritualidade e a Ciência na Segunda Metade do Século XIX

COMTE, DARWIN, KARDEC: ordem, progresso, evolução, espiritualidade científica... O século XIX, principalmente sua segunda metade, vê os ideários iluministas tornarem-se realidade. O esclarecimento do homem, via razão e ciência, dá sentido de maioridade e superioridade ao Velho Continente e às Américas. É o período em que se implantam, com maior força, os ideais nacionalistas: Itália e Alemanha surgem como nações individuais; e Inglaterra e França, por meio de seu poder, dividem o "mundo não civilizado", ou seja, a África, o sudeste da Ásia e as ilhas da Oceania, juntamente com outras nações européias.

Enquanto isso, o campo das artes plásticas e da música fervilha devido às idéias revolucionárias que brotam do Impressionismo (com artistas como Pierre Auguste Renoir e Claude Monet) e das novas formas de estruturação musical (que têm à frente nomes como Arnold Schöenberg, Gustav Mahler e Claude Debussy). Além do próprio espírito nacionalista que também povoa a música nesse momento e aparece nos trabalhos de Richard Wagner, Bedrich Smetana, Antonín Dvorák, Ralph Vaugham-Williams e outros; no Brasil, Heitor Villa-Lobos é o representante da corrente nacionalista na música erudita.

Já os avanços tecnológicos fazem desse período um modelo para os progressos subseqüentes da humanidade, pois as raízes do mundo pós-moderno encontram-se nele fincadas. É a época da chamada Segunda Revolução Industrial. Algumas de suas principais diferenças em relação à Primeira Revolução Industrial, na Inglaterra do século XVIII, são as substituições do ferro pelo aço (feita por Henry Bessemer em 1865) e da energia a vapor pela energia elétrica. Até então nunca se havia visto na história da humanidade tamanha velocidade e transformação do mundo cotidiano.

A quantidade de inventos e inovações é simplesmente espantosa, portanto, para não entediar o leitor, vamos destacar apenas os principais: a eletricidade; a tabela periódica; a perfuração do primeiro poço de petróleo, realizada por Edwin L. Drake, na Pensilvânia, em 1859; o primeiro motor de combustão interna, desenvolvido por Nikolaus Otto, e a invenção do automóvel, por Benz em 1885; o telefone (Alexander Graham Bell) e a lâmpada (Thomas Edison); a pasteurização de alimentos (Louis Pasteur), a descoberta das leis da hereditariedade, por Gregor Mendel; a publicação de *A Origem das Espécies*, de Charles Darwin; a descoberta da radioatividade, por Pierre e Marie Curie, através dos elementos polônio e rádio; o fonógrafo e o cinema; os raios X; a "ciência" da Eugenia; a Sociologia (Comte e Durkheim) e a psicologia experimental de William Wundt.

Enfim, a lista é mais longa ainda, mas nosso foco é oferecer apenas um quadro geral que nos ajude a entender por que tantas sociedades espiritualistas surgiram nessa época.

Palácio de Cristal (local onde se realizou a Feira Mundial de 1851).

É também aí que o mundo começa a se integrar, com feiras internacionais surgindo na Europa (Grande Exposição Mundial de Londres, em 1851) e nos Estados Unidos (Palácio de Cristal, Nova York, em 1853), a fim de divulgar as inovações que o progresso tecnológico estava trazendo para o conforto das pessoas – que podiam pagar por ele, é claro.

No outro lado do mundo, o Japão, a partir de 1854, aprova a abertura de seus portos ao comércio com os Estados Unidos e, logo depois, com a Inglaterra e a Rússia. Abre assim caminho, em 1868, para a mudança total em sua forma de governo (inclusive muda sua capital, de Kyoto para Edo, que é então rebatizada como Tóquio) e provoca alterações radicais em sua sociedade e em sua economia, possibilitando ao Japão daquela época tornar-se uma potência mundial.

No Brasil a situação não era diferente. Para se ter uma idéia, foi só depois de D. Pedro II assumir o poder em 1840, e levar dez anos para consolidá-lo e confirmar sua autoridade frente a muitas rebeliões, que o Brasil entra numa fase de expansão a partir de 1850.

Liberal competente e erudito, o imperador dá total apoio à construção de estradas de ferro, e assim a produção de borracha, café e cana-de-açúcar avança de forma inexorável, tornando o Brasil o maior produtor de borracha da época.

A população do país aumentará de oito milhões, em 1850, para 14 milhões, em 1889; um grande "progresso", como o que ocorria na Europa, mas também todos os problemas do Velho Continente, como as desigualdades sociais, por exemplo.

Após a libertação dos escravos em 1888, as desigualdades sociais agravam-se ainda mais, pois eles não seriam absorvidos de forma digna pelo mercado de trabalho, que estava reservado à mão-de-obra branca, sobrando aos negros os trabalhos considerados menores, mas essa é uma longa história, que fica para outra ocasião.

Paris na época de Alan Kardec.

Desse modo o mundo muda em ritmo acelerado, trazendo ordem, progresso e evolução, mas apenas para aqueles que os podem comprar. Acompanhando então esse desenvolvimento, surge uma multidão de excluídos como nunca antes vista. A população mundial aumenta exponencialmente, como também a miséria e a exploração.

Em vista desse quadro, a influência da Igreja diminui e a religião, como era até então conhecida e praticada, começa a demonstrar sinais de cansaço. E então, com tantas ciências disponíveis para explicar o mundo à luz da razão, vem à tona uma outra maneira de entender o Universo, em vez das explicações prontas das religiões organizadas.

* * *

EM 1851 AUGUSTE COMTE publica o livro *Catecismo Positivista*. Após essa publicação, ele lança em quatro volumes, até 1854, o *Sistema de Política Positiva*, no qual institui a Religião da Humanidade, segundo a qual Deus seria substituído pela própria humanidade e o desenvolvimento dela se daria em paragens longínquas, como o solo fértil da América do Sul, isto é, em países carentes de ideologia e de menor tradição cultural.

E, no ano de 1854, o pedagogo francês Hippolyte Leon Denizard Rivail – mais conhecido pelo pseudônimo de Allan Kardec – ouve falar pela primeira vez das famosas mesas girantes que respondem perguntas dos que participam de sessões espíritas. Kardec fica intrigado com o assunto, pois acredita, segundo o pensamento da época, que teria de haver uma explicação científica para o fenômeno. Realmente havia, mas não através da ciência vigente.

Alan Kardec, o codificador do Espiritismo. Ao lado, sua grande obra.

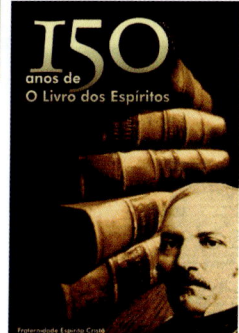

Depois de três anos pesquisando e escrevendo lança, em 18 de abril de 1857, *O Livro dos Espíritos*, no qual, por meio de perguntas e respostas, os "espíritos" esclarecem os fenômenos por ele estudados, mostrando que havia, sim, vida após a morte. (Os espíritos que falavam a Kardec se autodenominavam Fenelon, Swedenborg, San-

Auguste Comte.

Charles Darwin.

to Agostinho, São Luís, São Vicente de Paula e o Espírito da Verdade, identificado por muitos como sendo Jesus.)

Temos então, de um lado, uma *ciência espiritual-religiosa*, com Kardec, e, do outro, uma *religião científica sem Deus*, com Comte.

E elas surgem na mesma época em que é publicado na Inglaterra, em 1859, o polêmico livro de Charles Darwin, *A Origem das Espécies*. Segundo ele, a "criação divina" não passa de mero acaso evolucionário ou uma série de coincidências da Natureza que vão permitir a existência da vida.

Realmente, esse é um período conturbado. O maravilhamento e o estranhamento caminham lado a lado e se expandem rapidamente, indo fincar raízes no pensamento do outro lado do Atlântico.

* * *

PARA AS IDÉIAS DE COMTE o solo fértil seria principalmente o Brasil, onde o positivismo vai criar fortes raízes – chegando mesmo a determinar o lema da bandeira republicana, "Ordem e Progresso", um fruto dessa filosofia – e fundar, na capital Rio de Janeiro, a Igreja Positivista (que existe até hoje).

Intelectuais e personalidades, como Teixeira Mendes, Benjamin Constant, Pereira Barreto, Euclides da Cunha e Lima Barreto, entre outros, tornam-se adeptos fervorosos do pensamento *comtiano*.

Já o pensamento de Kardec obtém popularidade instantânea nos Estados Unidos e também no Brasil, mas de maneiras distintas, pois o fenômeno das mesas girantes e os médiuns se tornam extremamente populares nos Estados Unidos, e, no Brasil, o "kardecismo" adquire forma de religião organizada.

"A revista espírita *Reformador*, de 1944, página 207, publicou a informação de que, em 1844, o Marquês de Maricá editou um livro no qual se encontram os primeiros ensinamentos de fundo espírita divulgados no Brasil; anteriores, portanto, aos fenômenos das irmãs Fox, em Hydesville, E.U.A., e ao estudo de *Kardec* sobre as *mesas girantes*" (MONTEIRO, 2003, p. 21).

Além disso, em 1853 o médico homeopata, historiador e político alagoano Alexandre José de Mello Moraes já coordena um grupo de estudos sobre fenômenos "espiríticos" (*sic*), no Rio de Janeiro, que é freqüentado por personalidades como o marquês de Olinda, o visconde de Uberaba, o general Pinto, o bacharel em leis e político mineiro José Cesário de Miranda, entre outros.

No mesmo ano o jornal *O Ceará* noticia, pela primeira vez no Brasil, o fenômeno das mesas girantes, praticado pelo barão de Vasconcellos e seu grupo.

Em 1865 o jornalista baiano Luís Olympio Telles de Menezes funda, em 17 de setembro, o Grupo Familiar do Espiritismo – a primeira agremiação desse tipo no Brasil, que era ainda fechada nessa época, mas mesmo sendo restrita e "familiar" ganha bastante notoriedade junto à "mídia".

Ele e seus confrades enfrentam duras oposições, que se expressam através de críticas caricatas publicadas no jornal *Bahia Illustrada*, por isso só é possível formar a Associação Espírita Brasileira oito anos depois, em 28 de novembro de 1873. Mas, para vencer os obstáculos impostos pelo clero católico, foi necessário enquadrá-la como uma organização com finalidades científicas, embora o real motivo fosse a maior divulgação do espiritismo no Brasil.

"Um pouco antes, em 1869, Telles de Menezes lança o primeiro periódico espírita que se tem notícia – *O Echo d'além túmulo, monitor do spiritismo no Brazil* – impresso na tipografia do Diário da Bahia. É do mesmo ano o primeiro livro de divulgação doutrinária em versos, *O Espiritismo: meditação poética sobre o mundo invisível*, de Júlio César Leal, que mais tarde viria a ser o Presidente da Federação Espírita Brasileira (1895)" (MONTEIRO, 2003, p. 22).

Mas bem antes, em 1818 (como é "afirmado" no livro *Brasil, Coração do Mundo, Pátria do Evangelho*, do espírito Humberto de Campos e psicografado pelo famoso médium Francisco Cândido Xavier em 1938), já havia um grande círculo em torno da medicina homeopática, que tinha sido sistematizada por Samuel Hahnemann em seu livro ORGANON, de 1810.

O próprio José Bonifácio de Andrada e Silva se correspondia com Hahnemann, deixando claro que muitos fenômenos que a religião espírita só viria a estudar 50 anos depois já tinham sido estudados pela homeopatia. Já havia, inclusive, um método de cura com passes magnéticos para complementar o tratamento homeopático.

Os passes magnéticos foram inspirados na ciência da cura magnética e do magnetismo animal, descoberta na segunda metade do século XVIII pelo médium alemão Franz Anton Mesmer, que foi também o pai do mesmerismo ou hipnotismo, como ficou mais conhecida a técnica que seria capital para o trabalho com a histeria desenvolvido por Sigmund Freud no último quartel do século XIX.

Nesse panorama o espiritismo ganha força, forma e dogmas, tornando-se realmente uma nova religião, aliada ao cientificismo desse período, no qual o homem, não mais a Natureza, era o principal foco de estudo; no qual até o estudo do social e do socialismo se tornam científicos, como na obra de Karl Marx.

E uma verdadeira revolução nas idéias sobre a espiritualidade ganha o mundo, principalmente nos últimos 25 anos do século XIX.

* * *

DE 1875 EM DIANTE várias sociedades secretas, colégios iniciáticos, fraternidades rosa-cruzes e centros de estudos psíquicos são fundados em todos os centros do "mundo civilizado" (conforme a terminologia da época).

Na França, entre 1885 e 1888, são fundadas a Ordem Martinista, por Gérard Encausse, mais conhecido como Papus; a Ordem Cabalística da Rosa-Cruz, por Stanislas de Guaita; e a Sociedade Alquímica da França, por Jovillet-Castellot, juntamente com o grande ocultista Saint-Yves D'Alveydre, autor do controverso livro *Missão da Índia na Europa*.

Na verdade Papus ressuscita a antiga Ordem Martinista – que havia sido realmente fundada pelo judeu-português Martines de Pasqualys (1710-1774), na França do século XVIII – e publica, em 1887, o seu livro *Tratado Elementar de Magia Prática* (hoje um clássico, que foi lançado no Brasil pela Pensamento).

Em Nova York, em 1875, Henry Steel Olcott, juntamente com a famosa psíquica Helena P. Blavatsky, funda a Sociedade Teosófica, com seu conhecido lema: "não há religião superior à verdade".

Propaganda de Salão Rosa-Cruz em Paris.

Selo de Salomão em Ouroboros.

Papus, fundador da Ordem Martinista.

Selo de Salomão.

Helena P. Blavatsky e Henry S. Olcolt.

Helena P. Blavatsky e os Mestres da Fraternidade Branca.

Emblema original da Sociedade Teosófica.

Logo da Sociedade Teosófica.

Em vários outros lugares do mundo surgem entidades parecidas, como a famosa Ordem Hermética da Aurora Dourada, fundada em 1888, na Inglaterra, e fortemente inspirada em rituais de origem maçônica. Suas principais figuras são Samuel MacGregor Mathers e W. Wynn Westcott, mas várias personalidades da época integram a Ordem, como o poeta William Butler Yeats (que chegou a escrever vários de seus rituais) e o famoso "mago" Edward Alexander Crowley, sim, ele mesmo, Aleister Crowley, o fundador da Igreja de Thelema e um dos líderes da O.T.O., fundada por Karl Kellner em 1896.

Selo da Ordem Secreta da Aurora Dourada.

Podemos dizer então que, na virada do século XIX para o XX, essas ordens, sociedades e centros de estudo são um fenômeno comum no mundo ocidental, aparecendo também em outros lugares, além dos já citados, e tão díspares como Rússia, México, Cuba, Itália, Alemanha e Estados Unidos.

* * *

E SÃO PAULO, COMO ERA de esperar, não seria diferente e não ia ficar indiferente, já que a São Paulo da época começa a mostrar vários sinais de cosmopolitismo por meio da expansão cafeeira, das ferrovias, dos imigrantes que nela desembarcam para substituir a mão-de-obra escrava, e da transformação de suas famosas chácaras em bairros luxuosos, como Campos Elíseos e Higienópolis.

"O dinheiro que alimentava todas estas novidades vinha dos cafezais, que chegando do Vale do Paraíba já haviam tomado o rumo do Oeste do Estado, deslocando para São Paulo o centro de gravidade da economia nacional. A capital paulista crescia, e como toda cidade em crescimento – e a São Paulo desta época era, segundo testemunhas, a cidade que mais crescia no mundo – procurava romper seu isolamento secular através da ferrovia, do transporte urbano, do abastecimento de água e de energias" (CAVALCANTI & DELION, 2004).

Com a iluminação a gás – trazida um pouco antes do quadro pintado acima, 1870, pela construção do Gasômetro na Várzea do Carmo, inaugurado em 1872 –, chega finalmente a luz à escura "capital da solidão", parafraseando o título do poético livro de Roberto Pompeu de Toledo.

Segundo nos informa Benedito Lima de Toledo, a São Paulo de taipas se transforma rapidamente na cidade de alvenaria, que desaparece velozmente para surgir como a cidade de concreto (a São Paulo atual) na segunda metade do século XX, ou seja: "três cidades em um século", tamanho é o seu vertiginoso crescimento nesse período.

A luz elétrica chega através da empresa canadense The São Paulo Tramway Light & Power Co. Ltd, a famosa "Light", um símbolo do progresso que, além de generalizar o novo sistema de iluminação, traz para São Paulo os "bondes que andavam sozinhos, sem burros, sem nada". As lâmpadas e os bondes elétricos passam a representar duas mudanças fundamentais para os paulistanos, sejam eles italianos, turcos, croatas, ucranianos, nordestinos, alemães ou portugueses, para citar apenas algumas das fileiras culturais que iriam transformar São Paulo em uma das cidades mais cosmopolitas do mundo no início do século XX.

Bondes da Rua São João.

1890–1907

O Imigrante e o Editor – Antonio Olívio Rodrigues: História e Trajetória de um Visionário

"**1890 – O MUNDO GANHAVA ACELERAÇÃO** e conhecia avanços técnicos e científicos fortemente conseqüentes. O limite de velocidade nas estradas inglesas subira de seis para vinte quilômetros horários; Marconi enviara mensagem telegráfica a mais de 100 metros [...]. No Brasil, a república recém-instalada decretara a liberdade de culto, a separação entre Estado e Igreja, o casamento civil, o ensino leigo, a reforma bancária, o código penal. Mais reformas em um ano do que nos cinqüenta precedentes." (DONATO, 1990, p. 13).

Há no ar um enorme anseio de que a próxima virada de século faça o mundo entrar de vez na modernidade.

No entanto o sentimento predominante nesses anos, segundo o autor judeu-húngaro Max Nordau, "é de danação e extinção iminente". E, nas palavras do escritor Karl Kraus, a cidade de Viena, a velha capital do decadente Império Austro-Húngaro, era uma "estação experimental para o fim do mundo", bem ao gosto da atmosfera da época. Atmosfera descrita também pelo romancista Stefan Zweig como "viscosa, perfumada, abafada, insalubre", deixando claro que, por toda parte, o reprimido buscava desvios, brechas, escapes e alternativas outras que não aquelas tradicionais e prontas de então.

O comunismo de Karl Marx ganha força ao mesmo tempo que Durkheim lança a obra *O Suicídio*, em 1897, onde fala das causas do desespero no *fin de siècle* (apontando como grande culpado o distúrbio social) e cria as bases da sociologia moderna. É o "mal-estar da civilização", nas palavras do Dr. Freud.

Mas, apesar de todo esse clima, vive-se também a *Belle Époque* – o período de euforia e prosperidade entre o fim do século XIX e a Primeira Guerra Mundial –, com todo o seu sabor de mudança e modernidade. E o berço de quase todas as modernidades é a França; com o regime republicano consolidado, Paris, a "cidade luz", exporta novas modas e costumes para o dito mundo civilizado.

É uma época de consolidação do que se havia desenvolvido nas décadas anteriores.

* * *

SÃO PAULO, A PACATA CAPITAL da solidão e o Brasil republicano entram em uma fase de várias mudanças políticas, econômicas e tecnológicas, mas principalmente culturais.

O cinema começa a se tornar popular, tão popular que em junho de 1898 o Salão de Novidades de Paris – a primeira "sala de projeção", inaugurada em 31 de julho de 1897 na Rua do Ouvidor, Rio de Janeiro – teve a honra de receber o próprio presidente da República, Prudente de Moraes, e sua comitiva.

O *art nouveau* é o estilo preferido no mobiliário e na arquitetura (a qual também recebe influência do *Ecletismo*) e está presente nos palacetes que começam a ser cons-

Rua José Bonifácio em 1916.

truídos pelos barões do café na Avenida Paulista e nos novos bairros de Higienópolis e Campos Elíseos.

Na virada do século multiplicam-se os estúdios fotográficos, assim como os teatros. Casas de comércio, cafés e lojas de moda, sobretudo francesas, proliferam-se rapidamente e a São Paulo de outrora começa realmente a mudar de cara e a se expandir de modo jamais visto.

O culto ao *chic* e outros francesismos parecem tomar conta do país. *Vive la France!*, é assim que muitos cariocas e paulistas passam a se cumprimentar. E temos também a construção de uma réplica da Torre Eiffel em Manaus!

Aumenta velozmente o número de periódicos, graças às técnicas gráficas mais baratas. Aparecem também os periódicos produzidos pelo operariado, além de várias revistas ilustradas, como *A Cigarra, Fon-Fon, Kosmos, O Malho* e *Illustração Brasileira.*

Quanto a outros avanços, vemos surgir os projetos sanitaristas e a expansão das estradas de ferro; o desenvolvimento acelerado dos complexos industriais, graças à energia elétrica; a crescente onda de urbanização, principalmente no Rio de Janeiro e em São Paulo; e a multiplicação dos automóveis.

A presença feminina nas ruas e nas atividades urbanas começa a se tornar comum, principalmente a das classes sociais mais altas, bem como a presença de mulheres nas fábricas. (As fábricas que em 1895 eram apenas 52, saltam para 326 em 1907, empregando mais de 24 mil operários.)

Uma parcela significativa dos trabalhadores fabris é de imigrantes que se estabelecem na cidade e mudam completamente seus ares provincianos. Só para termos uma idéia, em 1893 a capital paulista conta com pouco mais de 130 mil habitantes, mas 55% desse total são imigrantes. E entre eles, mais de 60% são de origem italiana. Contudo havia muitos portugueses.

* * *

É NESSA ATMOSFERA QUE CHEGA ao Brasil, em 1890, o imigrante Antonio Olívio Rodrigues, indo residir e trabalhar em São Paulo. Nascido em uma aldeia de Portugal no ano de 1879, ele traz na bagagem o que centenas de milhares de outros imigrantes traziam: o desejo ardente de trabalhar e vencer na vida.

Em 1900, aos 21 anos, Antonio Olívio está trabalhando como operário (conta-se que também foi jardineiro). Nesse mesmo ano casa-se com dona Aguida Marques e vão residir na Rua Barão de Iguape, em casinha modesta como o seu salário e, claro, como também eram modestos sua cultura e seus conhecimentos.

Os dias de trabalho árduo vão transcorrendo. Até que, em uma das muitas noites em que ele aguarda sua amada companheira preparar o jantar, uma idéia vaga e ainda imprecisa lhe vem à mente. É uma vontade imensa de viver em um mundo melhor e mais justo – com ideais menos materialistas, mais puros e nobres – para todos aqueles que almejassem um verdadeiro mundo de paz, amor, verdade, justiça e liberdade de pensamento.

O jovem operário, sem nunca sequer ter manuseado o mais elementar tratado de filosofia e que, até aquele momento, mal tivera contato com os livros, percebe que é hora de começar a estudar. Aguida, sua esposa, estava sempre ao seu lado, apoiando-o veementemente em sua busca por respostas mais esclarecedoras.

Com as minguadíssimas sobras de seu salário, Antonio Olívio passa a freqüentar os alfarrabistas e comprar obras de Kardec, Flammarion e outros. (*O Evangelho Segundo o Espiritismo*,

Antonio Olívio Rodrigues, nosso fundador.

de Kardec, havia sido publicado no Brasil pela Garnier Editores em 1875, e *Deus e a Natureza*, de Flammarion, em 1878.) E noite após noite, depois de uma dura jornada de trabalho, ele estuda sem cessar, debruçado sobre seus novos tesouros filosóficos.

Ávido por novas leituras e vendo quão pouco era publicado em português, Antonio Olívio não demora a dirigir sua atenção aos catálogos das editoras européias que lançavam os livros que ele queria em espanhol, idioma que ele escolhe por ser o de mais fácil aprendizado para um português com pouco estudo.

Sacrificando suas parcas economias e privando-se de quaisquer prazeres o jovem vai empilhando sobre sua modesta mesa de pinho uma pequena coleção de brochuras em espanhol, em que constavam, entre outras, quase todas as obras de Blavatsky, Trine, Éliphas Lévi, Swami Vivekananda, Prentice Munford, Yogue Ramacháraca e Max Heindel. Sempre ávido por novas informações, ele devora os livros, mesmo quando o sono ameaça toldar a compreensão do último tópico estudado.

* * *

O VISIONÁRIO, NEÓFITO E ESTUDANTE Antonio Olívio não tarda a pensar na possibilidade de intercâmbio de idéias com as várias sociedades ocultistas que, como vimos, surgiram nas últimas décadas do século anterior.

Dentre essas sociedades esotéricas, ele afilia-se a três: a Ordem Martinista, a Ordem Rosa Cruz e a Sociedade Alquímica da França, das quais já falamos, e passa a se corresponder com elas. De Paris, recebe os periódicos *L'Initiation*, *Le voile d'Isis* e *La vie Mysterieuse*.

Em 1907, obedecendo à máxima ocultista "semelhante atrai semelhante", uma força misteriosa coloca-o em contato com outras mentes também sedentas de investigar a verdade. Embora de nível intelectual superior por formação, seus pares não deixam de acolher o jovem e interessado rapaz que trabalhava então como jornaleiro. É dessa época a fundação de uma das primeiras sociedades esotéricas do Brasil, a Loja Amor e Verdade.

(A primeira sociedade ligada ao ocultismo, especificamente à teosofia, de que se tem notícia em território nacional ficava em Pelotas, no Rio Grande do Sul, e chamava-se Grupo Dharma, fundado em 1902.)

A Loja Amor e Verdade é então organizada da seguinte maneira: como presidente, Horácio de Carvalho, conhecido divulgador das idéias espiritualistas; como secretário, Raul Silva (que se tornaria autor da futura Editora O Pensamento); e os companheiros, Dr. José Luíz de Almeida Nogueira, então senador do Estado; Dr. Milhomens M.D., cônsul do Uruguai; Eduardo de Carvalho; Miguel Mugnani, diretor da Seção no Tesouro do Estado; Herculano José de Carvalho, ex-cônsul na Suíça; A. Baptista, chefe dos escritórios da S.P. Railway; e o Prof. Genésio Rodrigues (o tradutor do primeiro livro da futura Editora O Pensamento), entre outros. Mas essa loja tem vida curta, apenas poucos meses do ano de 1907.

Entre 1906 e 1908 Antonio Olívio também freqüenta a Loja Martinista de São Paulo, dirigida pelo Dr. Viana de Carvalho. É nessa loja que ele aprende os primeiros elementos do ocultismo, que complementam seus estudos dos alfarrábios espiritualistas.

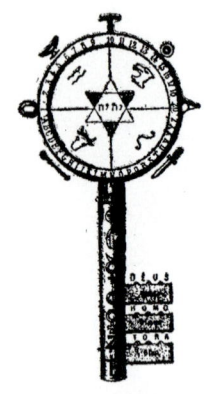

A Chave dos Grandes Mistérios de Éliphas Lévi.

* * *

ANTONIO OLÍVIO TAMBÉM SENTE grande interesse pelo estudo do magnetismo, uma "ciência" quase completamente ignorada no Brasil, e é com muita vontade de aprender que o jovem de 27 anos entra em contato com Heitor Durville, do Institut Magnétique de France.

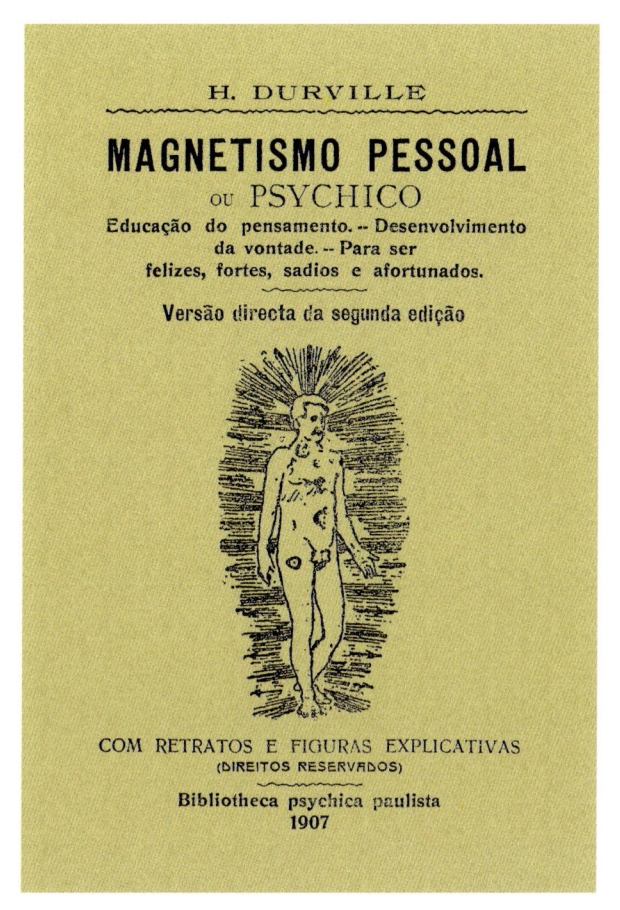

Capa da primeira edição de *Magnetismo Pessoal*.

Em 1908 acaba obtendo o diploma de magnetizador por correspondência; seu segundo diploma naquele ano, pois já havia conseguido um do Institute of Science, de Rochester, no estado de Nova York. Por ser a primeira pessoa a obter tais títulos no Brasil, ele vira notícia e recebe os parabéns dos jornais.

Mas voltemos a 1907. Entusiasmadíssimo com o livro de seu mestre, *Magnetisme Personel*, Antonio Olívio pede a Heitor Durville autorização para traduzir e publicar a obra. Assim que obtém consentimento, procura seu amigo e grande iniciador nas artes ocultistas, Genésio Rodrigues, que era perfeitamente fluente em francês. Genésio traduz então a obra.

Para publicá-la, o nosso futuro editor precisa fazer uso de suas magras economias no primeiro livro da "Empresa Editora O Pensamento", fundada no dia 26 de junho de 1907.

III. CEM ANOS DE HISTÓRIA

Antiga Igreja da Sé (foto de 1907).

Chafariz do Palácio e a Rua General Carneiro em 1914.

Fachada da Livraria Teixeira em seu primeiro prédio na antiga Rua S. João (atual Av. São João).

1907–1922

Nossas Forças Editoriais – Pensamento, Magnetismo e Comunhão: A Fundação da Editora do Círculo e o Almanaque

LOGO DEPOIS DE MANDAR a tradução de *Magnetismo Pessoal* para a gráfica, Antonio Olívio fica desempregado, contudo não se deixa abater pelas dificuldades iniciais. Mesmo sem saber se o livro seria aceito ou não, ele não pensa duas vezes: empenha as poucas jóias de família e consegue assim os últimos mil réis que faltavam para finalmente retirar o livro da oficina gráfica.

Chega então o momento de vendê-lo. Mas o que o aguarda é a fria acolhida dos jornais, a reserva de um público desconfiado e a franca hostilidade dos kardecistas e teosofistas. E, como se isso não bastasse, muita gente classifica o livro como magia negra e bruxaria.

Mais uma vez Antonio Olívio não desanima; manda imprimir alguns folhetos de propaganda do livro e os distribui nos bares e cafés da cidade, onde a acolhida também gélida – com exceção de alguns risos irônicos, claro! – faz com que ele se torne ainda mais obstinado.

Dentre os seus vários esforços para recuperar o capital empatado, surge a idéia de publicar um jornalzinho de propaganda, de formato diminuto, ao qual ele dá o nome de *O Astro*. A intenção não é apenas promover seu livro, mas também divulgar a obra de Prentice Mulford, que Antonio Olívio já havia estudado em espanhol (obra que futuramente iria moldar os ideais do Círculo Esotérico e da revista *O Pensamento*).

Além de batalhar na divulgação do livro, nosso editor se estabelece na Rua da Glória, nº 2B, e passa a fazer esboços de horóscopos e cálculos astrológicos, o que era bastante difícil para um rapaz que pouco sentou nos bancos escolares. Inspirado pelas lições que recebia de F. Ch. Barlet, um dos maiores iniciados do século XIX, Antonio Olívio passa as noites em claro, trabalhando e estudando de maneira árdua e

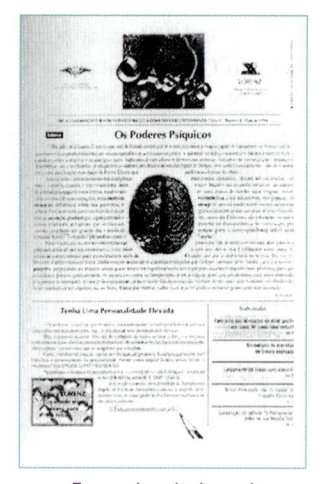

Exemplar do jornal espiritualista O Astro, fundado por Antonio Olívio Rodrigues.

empenhada, às vezes por até 16 horas; não tarda a perceber que a exatidão de seus cálculos comprova as predições anunciadas.

Alguns amigos ficam pasmados com a sua "estranha faculdade", pois através de seus mapas ele consegue adivinhar o passado e – o que é mais assombroso – predizer o futuro. Assim, os tipos mais diversos começam a procurá-lo: céticos, curiosos, desiludidos e sofredores; bem como os detratores e maldizentes, que sempre rondam aqueles que praticam o bem, confirmando as palavras de sir Edward Bulwer Llyton: "Descobre coisas que destruam a vida e serás um grande homem! Acha, porém, um meio de prolongar a vida e chamar-te-ão de impostor! Inventa uma máquina que torne os ricos mais ricos e aumente ainda mais a pobreza entre os pobres e a sociedade te levantará um monumento! Descobre algum mistério que faça desaparecer as desigualdades físicas e morrerás apedrejado!"

Apesar dos detratores falando mal de seu trabalho, Antonio Olívio é elevado por seus admiradores à categoria de *astrólogo* e *magnetizador*. E assim dá ao seu escritório o nome de *Brasil Psíquico-Astrológico*.

* * *

SUA DETERMINAÇÃO E SUA CORAGEM crescem ainda mais e ele tem a ousadia de lançar um periódico mensal de estudos ocultistas, com a ajuda de intelectuais e de um empréstimo de cem mil réis. Nasce assim, em 1º de dezembro de 1907, a revista *O Pensamento*.

O artigo de apresentação da revista é simples e de poucas palavras (mas continha um programa que nem o próprio redator podia suspeitar que viesse a se tornar algo tão grandioso), lançando a proposta – logo em seu número inaugural! – de tratar temas como magnetismo, clarividência, psicometria, terapêutica sugestiva, astrologia e todas as questões relacionadas ao psiquismo. É uma publicação única em seu gênero no Brasil.

(Apenas como curiosidade, é também em 1907 que surge em Petrópolis a revista *Vozes*, que seria o embrião da famosa Editora Vozes.)

Raríssimo exemplar da primeira edição da revista O Pensamento.

Antonio Olívio acumula as funções de redator, secretário, revisor, remessista e tradutor. Mesmo assim consegue tanto sucesso nesse empreendimento que, já a partir do segundo número, tem de ampliar a revista, tamanha é a demanda de novas informações por parte do ávido público.

Já que em seu artigo de apresentação ele declarava "não se achar filiado a qualquer seita religiosa ou científica e que o único intuito que nos leva à publicidade é o de fornecer leitura útil e prática sobre tudo que se relacione com o magnetismo", consegue então abrir o leque para qualquer interessado nesses assuntos, sem distinção de classe ou credo.

E, para divulgá-la, Antonio Olívio pede a jornais que estampem a página 2 da revista *O Pensamento* em suas edições diárias – a página que trazia as vantagens do plano de assinatura anual – e como brinde oferece um exemplar de *Magnetismo Pessoal* assim que o anúncio chegasse em suas mãos. Além disso, havia premiações para quem fizesse a assinatura da revista, como mostra a propaganda da época.

Quanto ao jornalzinho *O Astro*, ele passa a ser um suplemento da revista. (Só até 1914, pois a partir de 1915 torna-se um órgão de combate independente, científico e noticioso de distribuição mensal e gratuita. Em data posterior, que não conseguimos precisar, ele perde seu nome. No entanto, volta a ser editado e existe até os dias atuais com seu nome original.)

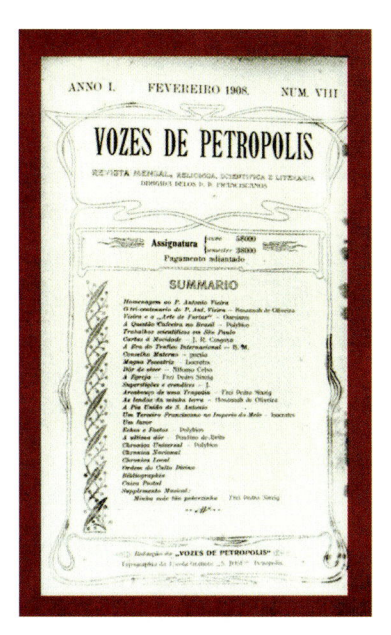

Antiga propaganda sobre assinaturas da revista *O Pensamento*.

Anúncio para a Imprensa do primeiro número da revista *O Pensamento*, dezembro de 1907.

A revista *O Pensamento* acaba chegando a Buenos Aires e recebe fartos elogios da importante revista portenha *La Verdad*, dirigida pelo ilustre senador e "psiquista" Federico W. Fernandes.

Em conseqüência da boa aceitação, Antonio Olívio redobra os esforços para divulgar seus ideais e seu grande interesse pelo ocultismo, e assim o nº 3 da revista – de fevereiro de 1908 e que já conta com duas centenas de assinantes – lança a luminosa idéia de formar uma fraternidade dedicada aos estudos psíquicos. Uma "comunhão do pensamento".

* * *

A IDÉIA GERAL DE UMA comunhão do pensamento – a formação de uma cadeia mental para a vibração de ondas pensantes e irradiadoras de paz e harmonia entre os homens, divulgada na revista a partir do terceiro número – é acolhida com grande entusiasmo pelos leitores.

Mas as idéias para a efetiva formação da fraternidade só são expressas na sua edição de dezembro de 1908, na qual é publicado o seguinte:

> *Conserva-te firme no caminho da vida; arroja para longe de ti os pensamentos de orgulho, vaidade e egoísmo e espera tranqüilo o abrir-se a porta do teu templo para serem revelados os mistérios da tua existência.*
> *De todas as partes temos recebido comunicações dos benéficos efeitos do Círculo do Pensamento.*
> *Aos nossos irmãos em pensamento enviamos nossos pensamentos de paz e harmonia.*

As adesões são tantas, e crescem em um ritmo tão animador, que em 27 de junho de 1909 Antonio Olívio funda, de fato, o Círculo Esotérico da Comunhão do Pensamento, a primeira ordem ocultista do Brasil.

Até aquele momento os poucos grupos que existiam não passavam de centros de estudos quase fechados, de caráter doméstico, não para o público em geral; eram diferentes do Círculo, com suas afiliações pagas e recebimento de estatuto.

Propondo-se a estudar as forças ocultas da Natureza e do homem e a promover o despertar das energias criadoras latentes no pensamento de cada um de seus mem-

Logo do Círculo Esotérico da Comunhão do Pensamento.

bros, a nova agremiação adota como divisa as luminosas palavras: HARMONIA, AMOR, VERDADE e JUSTIÇA. Cada uma delas vale por todo um programa de elevados ensinamentos esotéricos e exotéricos.

* * *

É DESSE MESMO ANO, 1909, as seguintes publicações da Editora O Pensamento: *O Adepto* e *Como se Organizam e se Dirigem Sessões Espíritas*, ambas de Hans Arnold.

A Editora já conta então com quase uma dezena de títulos lançados, entre eles: *A Força do Pensamento*, de William W. Atkinson; *Deve-se Praticar o Espiritismo?*, de Raul Silva; *Nos Templos do Himalaia*, de A. Van der Naillen; *O Poder da Vontade*, de Atkinson e Beals; e um livro prático chamado *Curso de Magnetismo Pessoal*, de V. Turnbull.

A esperança no sucesso final não foge um só instante da mente de seu fundador. Assediado constantemente por inúmeros pedidos de horóscopo, dos mais escondidos e longínquos recantos do país até as mais importantes capitais, Antonio Olívio tem em sua mesa uma imensa pilha de cartas e valores postais pedindo resposta; trabalha, como já dissemos, 16 horas por dia, muito mais do que nas épocas não muito distantes em que era operário, jardineiro ou jornaleiro.

Devido a todas essas circunstâncias, ele passa a procurar um local mais espaçoso onde possa dar maior vazão ao seu trabalho. No mês de março de 1909 estabelece-se na Rua Senador Feijó, nº 1A (ou 19, o número da época, como aparece em algumas fontes). Contrata um redator fixo para a revista e um auxiliar para a remessa postal. E surge a Livraria, quase em caráter doméstico.

Nessa época Antonio Olívio é membro de diversas sociedades ocultistas estrangeiras, entre as quais o já citado Institut Magnétique de France (que lhe dera o diploma de magnetizador); a Societa Magnetica d'Italia, dirigida por Carlo D'Amico; além de outras sociedades da América do Norte e do Oriente, entre elas a antiga Fraternidade dos Himalaias, por intermédio do famoso escritor espiritualista Albert Van der Naillen, o autor de *Nos Templos do Himalaia*.

Antonio Olívio permanece no endereço da Rua Senador Feijó até abril de 1911. É ali, nesse mesmo local onde funciona a Livraria e a Editora, que acontecem as primeiras reuniões do Círculo Esotérico, com as conferências do grande

Primeira Livraria d'O Pensamento, em 1909.

O nosso fundador, em profunda meditação na sua mesa de trabalho.

magnetizador, astrólogo, ocultista e editor, as quais os membros do Círculo assistem com dedicado interesse. E, nos fundos, localiza-se sua residência.

Em maio de 1911 ele se deixa convencer por amigos e colaboradores e se transfere para o Rio de Janeiro, juntamente com a Livraria e o Círculo Esotérico. Mas permanece na então capital federal por apenas cinco meses; não acha favoráveis as condições e o ambiente da cidade para a realização de seus inspirados planos e ideais.

Em outubro volta para o mesmo endereço em São Paulo, onde reinstala a Livraria e o Círculo Esotérico (local em que são feitas as suas novas instruções). Também acelera a produção da Editora, com o lançamento de vários livros, e reorganiza o escritório *Brasil Psíquico-Astrológico*.

* * *

O TRABALHO REALIZADO EM 1912, ano em que começa a instalação das oficinas gráficas, dá um novo impulso e traz desenvolvimento não só para a Editora, mas também para a Livraria e o Círculo.

Nessa época o Círculo se torna amplamente conhecido por causa das grandes edições do jornalzinho *O Astro*, que é distribuído por todo o Brasil divulgando os ideais de seus três patronos inspiradores: Éliphas Lévi (que simbolizava o pensamento ocidental), Swami Vivekananda (o pensamento do Oriente) e Prentice Mulford (o pensamento moderno e americano).

Inspiradores dos ideais do Círculo Esotérico.

(Prentice Mulford, segundo consta, foi um dos maiores nomes do ocultismo dos Estados Unidos. Nasceu em Sag Harbor, Long Island, distrito de Nova York, em 1834. Depois de trabalhar durante anos em minas de carvão, entrou para a carreira jornalística em 1866, época em que escrevia para o jornal *The Golden Era*. Nesse momento também começou a escrever sua monumental obra *Your Forces and How to Use Them*, lançada em Boston em 1884, que influenciou grandemente a ciência cristã do

Primeiros livros de auto-ajuda editados no Brasil.

Um dos primeiros romances espiritualistas editados no Brasil, escrito por um autor nacional.

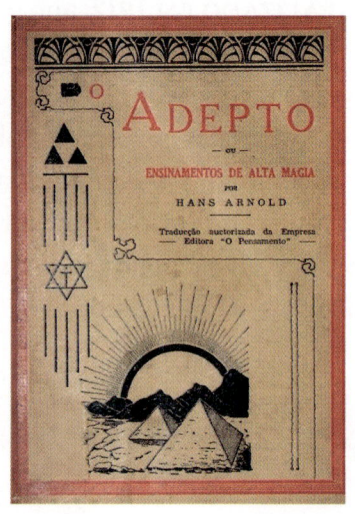

Uma das primeiras traduções que se tem notícia no Brasil de um romance ocultista.

novo pensamento, o cristianismo esotérico e a Nova Psicologia, entre outros ramos do mentalismo.)

Nesse mesmo ano, a Editora lança a tradução do livro de Mulford com o estratégico e arrojado título de *Nossas Forças Mentais: modos de empregá-las com proveito no comércio, na indústria, nas artes, nos ofícios e, em geral, em todos os atos e situações da vida*.

Assim, uma obra de vanguarda, mas com esse subtítulo que abre um leque bastante amplo, acaba caindo no gosto dos mais variados leitores, pois é fácil se identificar com ele. Daí o subtítulo tão longo e popular que seria marca registrada da Editora por longo tempo, principalmente em suas propagandas e catálogos.

A estratégia de Antonio Olívio é conseguir que obras com certo nível de erudição – ou mesmo obras "estranhas" ao mercado editorial brasileiro – tornem-se absolutamente populares, quer seja por seu título, quer seja pela forma de sua propaganda.

Só para termos uma idéia de como isso funcionava, vejamos um exemplo de propaganda que vai aparecer bem mais tarde no catálogo da Editora O Pensamento, em 1941:

Mistérios Iniciáticos
Henry Durville

Os maravilhosos mistérios do Egito, escondidos no seio das pirâmides e da Esfinge silenciosa, foram desvendados nessa obra. O autor, com sua característica maestria, leva o estudante a uma compreensão gradual e firme dos maiores segredos da antiguidade. Obra profundamente ilustrada, não deve faltar na biblioteca dos que buscam deveras a Verdade.

Esse livro, na verdade, era um extrato da monumental obra de Henri Durville, *As Ciências Secretas*, em dois grossos volumes (hoje editada em um formato menor e dividida em quatro volumes), que versava sobre as ciências ocultas de forma extremamente abrangente.

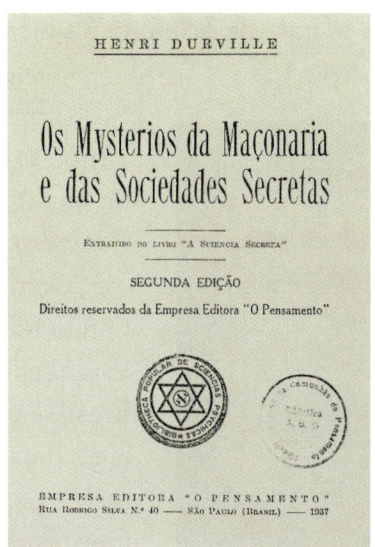

Capa da primeira edição deste clássico do ocultismo. Ao lado, extrato do livro editado em forma de opúsculo na década de 1930.

Nesse caso a Editora retirou da obra de Durville um determinado capítulo sobre o Egito e transformou-o em um pequeno livro de apelo popular. Depois, usando uma estratégia digna do mais moderno publicitário, passa a vendê-lo tanto ao ocultista mais engajado como aos leigos e curiosos em geral. Presta assim um grande serviço de divulgação das ciências espirituais para quem ainda não tinha tido contato com esses temas.

Antonio Olívio adota esse mesmo tipo de estratégia para a divulgação e venda da obra de Prentice Mulford. *Nossas Forças Mentais* era uma obra extensa, em quatro volumes. Para facilitar então a vida daqueles leitores que quisessem conhecer apenas alguns tópicos da obra, a Editora lança livrinhos com temas como *A Lei do Triunfo*, *A Arte de Estudar*, *A Cultura da Coragem* e *A Felicidade pelo Pensamento*. Desse modo oferece textos práticos e imediatos, porém com conteúdo e sem vulgaridade, ao leitor interessado em resolver certos problemas de ordem pessoal. Ao mesmo tempo ajuda a criar o hábito da leitura, pois caso o leitor tivesse interesse em saber mais sobre os assuntos abordados nos simpáticos opúsculos poderia aprofundá-los recorrendo às obras completas.

Assim a Editora presta um grande serviço à educação no Brasil ao criar uma legião de leitores que, sem esses títulos tão curiosos e instigantes, talvez nunca tivesse deitado os olhos sobre um único livro.

* * *

AINDA ESTAMOS EM 1912 e a Editora já tem mais de duas dezenas de títulos em seu catálogo. Muitos deles soam estranhos ao público ocidental – e ao brasileiro, em particular –, como o *Bhagavad Gita*, famoso livro hindu extraído do grande poema épico *O Mahabarata*, que foi traduzido direto do sânscrito para o português por Francisco Valdomiro Lorenz e lançado em 1912/13. Essa edição tem um imenso valor histórico, pois se trata da primeira tradução mundial do *Bhagavad Gita* para a língua portuguesa.

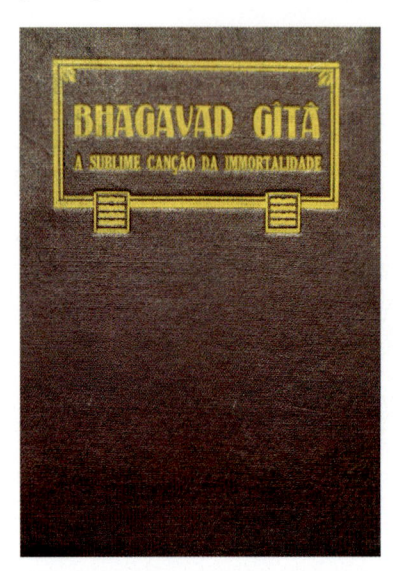

(Lorenz, filiado ao Círculo Esotérico desde 1910, tornou-se um grande colaborador e um importante autor da Editora e foi peça fundamental do *Almanaque do Pensamento*.)

Com tantos títulos em seu catálogo, Antonio Olívio tem dificuldade em divulgá-los de um modo abrangente que alcance os rincões mais distantes do Brasil. Para resolver essa questão ele lança um catálogo detalhado em forma de almanaque, que era muito popular na época. E acaba conseguindo ótimos resultados.

A idéia é tão boa que, ainda em 1912, ele lança o *Almanach d'O Pensamento Scientífico, Astrológico, Philosóphico e Literário* (*ornado com numerosas gravuras*), com a ajuda de colaboradores da Editora e do Círculo Esotérico. O almanaque tem uma tiragem de 20 mil exemplares (enorme para a época) e é distribuído por todo o país.

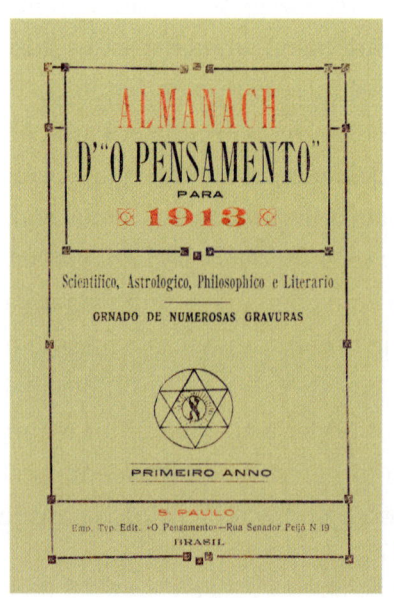

Primeiro *Almanaque do Pensamento*.

O Brasil dos Almanaques e a Permanência do Almanaque do Pensamento

O almanaque, como forma de veículo cultural, apareceu no Brasil em 1829 com o lançamento do *Almanaque Imperial*, editado pelo francês Pierre Plancher. Mas esse formato só foi ganhar fama com o *Almanaque Laemmert*, que começou em 1839 como uma despretensiosa folhinha literária para chegar a 1,7 mil páginas (!) em 1875. Era extremamente popular, assim como o Almanaque Biotônico, o Sadol e o Capivarol nos anos 1950/60, época da *febre* dos almanaques de farmácia. Contudo esse veículo de cultura impressa chegou quase ao esquecimento nos anos 1990 e início do século XXI.

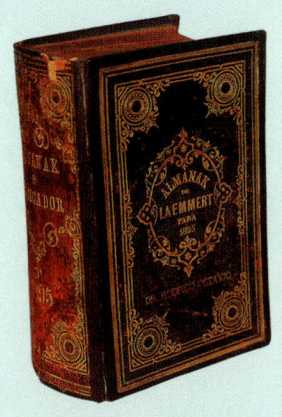

Dentre os poucos remanescentes desse tipo de publicação está o *Almanaque do Pensamento*, hoje em sua 95ª edição e sem falhar um só ano; já chegou a mais de 22 milhões de exemplares vendidos. Ele é talvez o único a ter a astrologia como tema principal desde que foi lançado. O que é um verdadeiro feito heróico se considerarmos que o Brasil é o maior país católico do mundo (assim afirmou o papa Bento XVI quando de sua visita a São Paulo em maio de 2007). Hoje o *Almanaque* está com uma tiragem de 160 mil exemplares.

Almanaque Laemmert.

Toda a parte astrológica e astronômica do *Almanaque* fica a cargo de Francisco Valdomiro Lorenz, bem como os ensaios esotéricos. (Ele deixou preparada uma série de ensaios que saíram no *Almanaque* até 1964, mesmo depois de sua morte em 1957. Uma parte desses ensaios foi publicada pela Pensamento em forma de livro e com o título de *Raios de Luz Espiritual.*)

Além de escritor, autor da casa e membro do Círculo Esotérico, Lorenz era professor (em Dom Feliciano, no Rio Grande do Sul). Era tradutor e poliglota. Dominava 104 idiomas, desde línguas mortas – como latim, maia, egípcio antigo, grego dórico e rético (língua original da antiga Récia, hoje Suíça) – até idiomas modernos tradicionais e idiomas criados, como o volapük e o esperanto (era um dos maiores eruditos nessa língua criada por Luíz Lázaro Zamenhof e deixou vários trabalhos sobre o tema). Fez tam-

Primeiras edições de algumas obras de Francisco Valdomiro Lorenz.

Livro de medicina psicossomática.

bém traduções do Pai-Nosso em cem idiomas, além de traduzir a palavra "Deus" para 365 línguas diferentes a fim de pronunciar uma a cada dia do ano.

Entre as inúmeras propagandas dos livros da Editora, em seus primeiros anos o *Almanaque* dá bastante destaque aos livros do Yogue Ramacháraca, publicados desde 1910. Essas obras versam sobre a filosofia oriental, mais especificamente sobre o Vedanta (filosofia de origem hindu que explica as escrituras de origem hindu-européias ou Árias, conhecida como Vedas), e são as precursoras desse tipo de publicação no país.

Outros títulos também recebem destaque, como as obras de Éliphas Lévi, sobre magia; de William Atkinson, sobre mentalismo; e de Heitor Durville e V. Turnbull, sobre magnetismo pessoal.

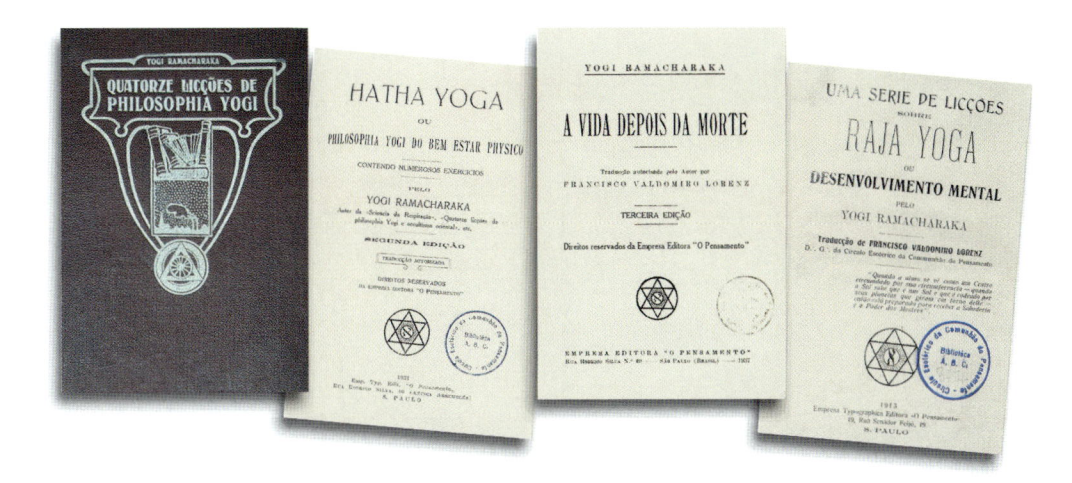

Alguns exemplares da "Coleção Yogue Ramacháraca".

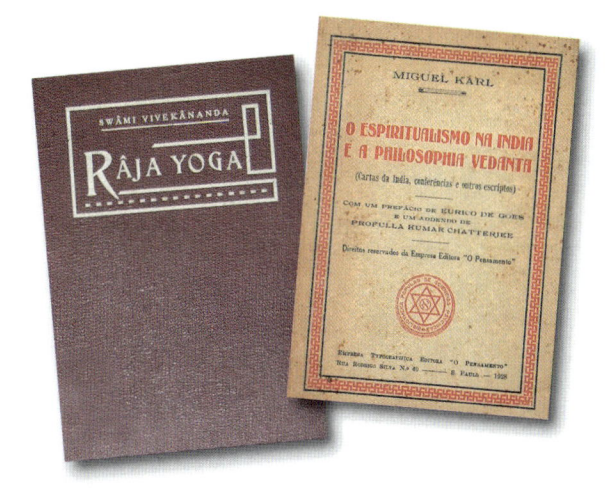

Primeiros livros de filosofia vedanta editados no Brasil.

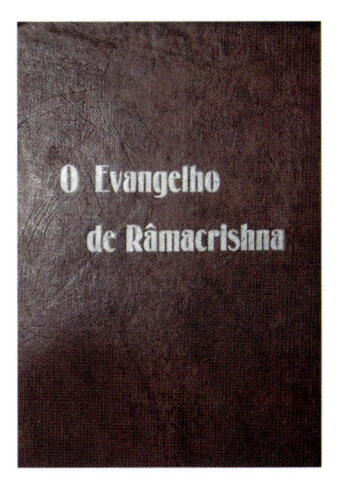

Primeira edição deste clássico da filosofia vedanta.

Primeiras edições de Éliphas Lévi no Brasil.

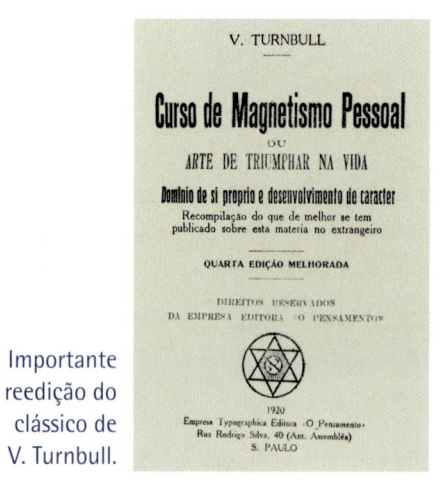

Importante reedição do clássico de V. Turnbull.

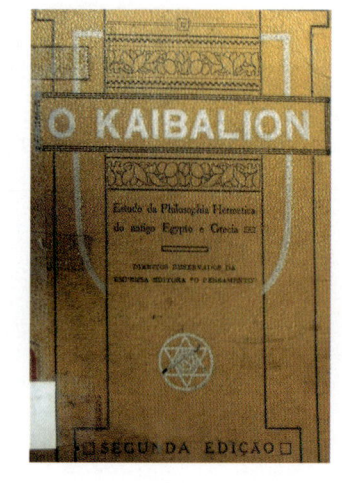

Segunda (e rara) edição deste clássico do ocultismo ocidental.

Primeiros livros editados no Brasil sobre a prática do Esoterismo.

COM TANTOS TRABALHOS SENDO desenvolvidos pela empresa, Antonio Olívio vê a premente necessidade de ampliar suas instalações. A Editora, a Livraria, a tipografia e o Círculo Esotérico estavam precisando de mais espaço.

Em 1914 ele compra um terreno na Rua Rodrigo Silva nº 40, onde constrói o prédio que servirá como nova sede do Círculo Esotérico e novo endereço da Livraria O Pensamento, além de abrigar espaçosos escritórios para a Editora. A tipografia também será instalada no prédio recém-construído.

Assim a inauguração das recém-construídas instalações, no dia 27 de março de 1915, abre novas perspectivas para a Empresa Typographica Editora O Pensamento.

* * *

Segunda sede do Círculo Esotérico e Livraria O Pensamento, em 1915.

Uma das raras imagens de A. O. Rodrigues, sem o seu característico bigode.

ESTAMOS EM UM PERÍODO DE PROGRESSO e esperança, mas também de guerra. A Primeira Guerra Mundial eclode no momento em que, juntas, a Editora e sua cidade começam a caminhar velozmente. São Paulo já tivera, em 1911, o seu primeiro congestionamento por conta da inauguração do Theatro Municipal, no dia 12 de setembro, quando se apresentou o famoso tenor italiano Titta Ruffo.

Na Europa, a queda de antigos impérios que a controlavam faz com que a parte central de seu mapa político mude drasticamente, abrindo uma fase de intensos conflitos de ordem social. A Revolução de Outubro de 1917 instala um novo regime, o Comunismo.

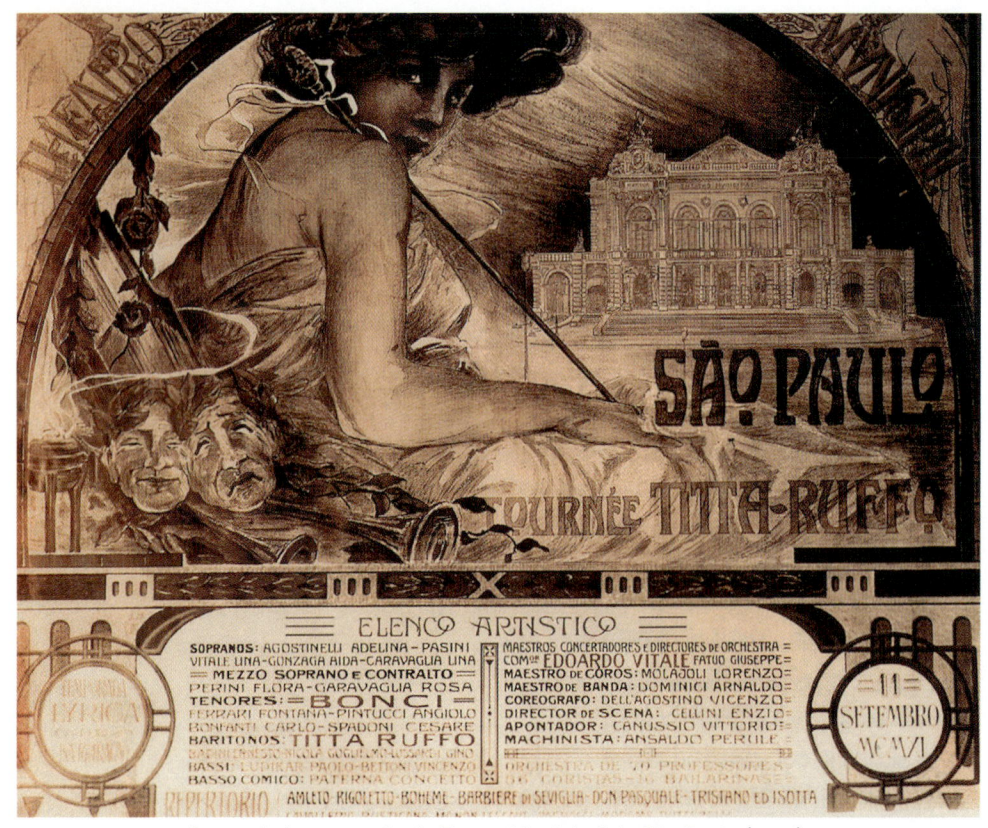

Cartaz de inauguração do Teatro Municipal de São Paulo (1911).

Funcionários do cotonifício Crespi na greve geral anarquista de 1917.

Em São Paulo, em julho desse mesmo ano, explode a Greve Geral Anarquista (segundo o jornal *Fanfulla*, cerca de 100 mil operários aderiram à greve, o que trouxe um clima de baderna e quebra-quebra para o centro da cidade).

É nessa época que a aviação comercial dá seus primeiros passos e os automóveis são produzidos em série. Paris é o centro do modernismo. E, na Europa, em termos políticos o fim da Primeira Guerra Mundial faz surgir as ideologias totalitárias do Fascismo e do Nazismo.

Voltando a São Paulo, vemos que o fim da década de 1910 e o início dos anos 1920 são marcados pelo conflito entre a tradicional oligarquia latifundiária e as novas forças sociais surgidas com a frenética industrialização e expansão das cidades.

São Paulo vê as mudanças políticas (fim da hegemonia do Partido Republicano Paulista), sociais e artísticas (que culminam na Semana de Arte Moderna de 1922) com grande interesse e desconfiança. Em 1917 as artes são abaladas pela exposição de Anita Malfatti; suas obras de forte caráter expressionista despertam a ira nacionalista de Monteiro Lobato, que a ataca ferozmente.

* * *

A EDITORA CONTINUA COM SEU ESPÍRITO pioneiro, trazendo mais novidades.

Em março de 1917 é fundado o Instituto de Ciências Herméticas, que ministrava um curso de psicologia experimental por correspondência. Do prelo saem os livros que comporiam a coleção do Instituto, que contava com os seguintes volumes: *Educação Pessoal, Hipnotismo, Magnetismo, Medicina Oculta, Radiopatia, Magia Teúrgica, Grafologia, Fisiognomia & Frenologia, Quiromancia* e *Astrologia.*

Em pouco tempo o Instituto passa a contar com um grande número de participantes, dentre os quais figuras de grande destaque nas letras, nas artes, na magistratura, na medicina e até na política, causando assim uma nova revolução no pensamento, na Pensamento e no Círculo Esotérico.

Torna-se necessário ampliar novamente as instalações da Editora. Começa então um novo capítulo de sua história no início dos frementes e loucos anos 1920.

Coleção do Instituto de Ciências Herméticas.

1923–1943

Alegria e Triunfo – A Trajetória da Editora: Crescimento e Consolidação de um Ideal

O gênio editorial Monteiro Lobato.

Primeira edição de *A Menina do Narizinho Arrebitado*.

MONTEIRO LOBATO HAVIA PUBLICADO, em 1920, *A Menina do Narizinho Arrebitado*, apenas mais um livro infantil – ainda que criado totalmente pelo autor, raro naquele momento de adaptações e readaptações de histórias da carochinha – se não fosse a sua fantástica tiragem de 50,5 mil exemplares, todos vendidos (e hoje, peça rara da literatura brasileira para todo bibliófilo que se preze).

Sem dúvida essa foi uma revolução, como a que Sampaio Dória havia causado com a primeira reforma do ensino em São Paulo nesse mesmo ano.

Mas o início desse período de que vamos tratar vive apenas com alguns focos de cultura efetivamente moderna, que é irradiada por pequenos grupos, como os modernistas da Semana de 22, ou por lobos solitários, como Monteiro Lobato. Assistimos também ao aparecimento das primeiras oficinas gráficas usadas apenas para a impressão de livros – iniciada pelo pioneiro Monteiro Lobato – que tentavam arejar o "ranço do século XIX", ainda impregnado na mente de muitos intelectuais e personalidades do Brasil.

No entanto a virada de década 1910-1920 foi capital para o desenvolvimento da moderna indústria cultural no Brasil (e veremos que também a própria década de 1920 até o início dos anos 1940).

ALÉM DA SEMANA DE ARTE MODERNA em São Paulo, em 1922 ocorre também a Revolução Tenentista ("os 18 do Forte em Copacabana") no Rio de Janeiro, que chega a São Paulo em 1924. No dia 5 de julho, as tropas comandadas pelo general Isidoro Dias Lopes tomam a capital paulista e tem início a Revolução de 1924. Em 1925 forma-se a Coluna Prestes quando Luiz Carlos Prestes, juntamente com os principais líderes da Revolução Tenentista de 1924, percorre o Brasil em uma grande marcha.

Daí em diante a lista de acontecimentos é tão grande que vamos, como anteriormente, dar apenas uma olhada rápida: Arthur Bernardes torna-se presidente da República; é fundado o Partido Comunista Brasileiro (1922); é instituído o Ministério do Trabalho (1932) após a Revolução de 1930, que colocou Getúlio Vargas no comando da nação; também ocorre a Revolução Constitucionalista de 1932 e, no mesmo ano, instaura-se o novo código eleitoral, estabelecendo o voto secreto e o direito de voto para as mulheres; em 1934 é promulgada uma nova Constituição e a Universidade de São Paulo (USP) dá seus primeiros passos; em 1937, no dia 10 de novembro, ocorre o golpe de Estado que dá origem à ditadura Vargas (que dura até 1945); 1939 é o ano em que se inicia a Segunda Guerra Mundial, mas o Brasil declara guerra às nações do Eixo só em 1942.

* * *

O MEIO EDITORIAL TAMBÉM assiste a muitos acontecimentos nos anos 1920: a fundação da Cia. Editora Nacional, por Monteiro Lobato e Otalles Marcondes Ferreira (1925); a primeira edição de *Macunaíma*, de Mário de Andrade; a *Revista de Antropofagia*, de Oswald de Andrade, e o início das atividades da Livraria do Globo, de José Bertaso, no Rio Grande do Sul (1928); várias outras editoras surgem, como a José Olympio (1931); a fundação da Livraria Martins Editora (1941) e a inauguração da primeira Livraria Siciliano (1942).

Tais acontecimentos tornam essa uma verdadeira época de ouro para a indústria cultural e editorial brasileira. É também desse período o fenômeno nacional da difusão do rádio como meio de comunicação de massa.

Já a expansão da Pensamento se dá através da consolidação do *Almanaque do Pensamento*, da venda à distância (com o sistema de *endereçamento adensográfico*, que veremos mais adiante) e da di-

Primeira edição de *Macunaíma*.

Um dos primeiros cartazes de propaganda da Livraria Siciliano.

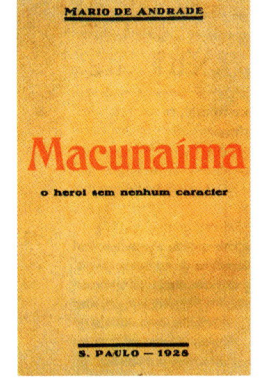

Vista do Salão Nobre do prédio do Círculo Esotérico em 1925.

Círculo Esotérico da Comunhão do Pensamento em 1925.

vulgação de suas obras por meio do Círculo Esotérico e da revista *O Pensamento* (que, no início dos anos 1940, estará com uma tiragem mensal de 42 mil exemplares).

Por conta disso tudo, o edifício nº 40 da Rua Rodrigo Silva logo começa a mostrar sinais de cansaço e encolhimento. Como vimos, ele abrigava desde 1915 a Livraria, as oficinas gráficas, a Editora, a revista *O Pensamento* e o Círculo Esotérico.

Antonio Olívio julga então necessário a construção de um novo prédio para onde levar o Círculo Esotérico e a Livraria, deixando assim maior espaço no prédio antigo para o funcionamento da Editora, a redação da revista e a tipografia.

Em 1923, as obras são iniciadas logo após a aquisição dos terrenos de nºˢ 169 e 171, na mesma Rodrigo Silva.

O novo prédio é inaugurado em 27 de junho de 1925. (Ele existe até hoje, mas como nº 85, e abriga a biblioteca do Círculo Esotérico e a Livraria Lorenz. Mas, por muitos anos, foi nesse endereço que funcionou a Livraria Pensamento antes de se integrar à sede atual da empresa no bairro do Ipiranga. Quanto ao antigo prédio, no nº 40, funcionou ainda durante muitos anos até ser substituído pela construção, que hoje se encontra inacabada, daquela que será futuramente a nova sede do Círculo Esotérico.)

Contudo, depois da inauguração do novo prédio, o volume de filiações ao Círculo começa a ficar tão grande – assim como começa a ficar volumoso o catálogo da Editora – que surge a necessidade de outro prédio para abrigar, novamente juntos, os vários ramos da empresa. O prédio que tinha sido recém-inaugurado ficaria apenas com a Livraria O Pensamento e a biblioteca do Círculo Esotérico.

O lançamento da pedra fundamental.

O lançamento da pedra fundamental da futura sede no Largo São Paulo acontece no dia 27 de junho de 1926 e é considerado um acontecimento marcante na vida pública da cidade, contando até com a presença de várias autoridades do estado, entre elas o general Eduardo Sócrates, comandante da 2ª Região Militar. Vale notar que nesse mesmo ano é inaugurada a Biblioteca Municipal de São Paulo, em seu primeiro prédio, na Rua Sete de Abril nº 37.

Exatamente um ano depois, a Editora O Pensamento completa seus 20 anos de existência. Passaram-se duas décadas desde a época em que Antonio Olívio percorria os bares e cafés distribuindo os modestos folhetos de propaganda do livro *Magnetismo Pessoal*. Nesse meio tempo a Editora e seus "filhos" – a revista *O Pensamento*, o Círculo Esotérico, o *Almanaque do Pensamento*, o jornal *O Astro* e o escritório *Brasil Psíquico-Astrológico* – ganharam prestígio e penetraram na intelectualidade brasileira. Realmente, Antonio Olívio realizou seu sonho.

Croqui do Prédio da Torre.

Vistas do antigo Prédio da Torre.

Antigo postal do Prédio da Torre.

Voltemos às obras da futura sede. Localizada no Largo São Paulo, nº 100, no bairro da Liberdade, as obras são concluídas e a inauguração ocorre no dia 27 de junho de 1930.

O suntuoso prédio, com sua imponente torre, chama para o alto os olhos dos transeuntes boquiabertos com tão impressionante obra de arquitetura.

* * *

O CATÁLOGO DA EDITORA já está volumoso, como dissemos, e ela continua a publicar títulos curiosos nas mais diversas áreas das *ciências espirituais*.

Mas há uma área específica em que a Editora já publicava títulos desde sua fundação, na qual se enquadram livros como *Alegria e Triunfo*, de Lourenço Prado; *Como Fazer Fortuna em Pouco Tempo* e *O Livro do Êxito*, ambos de autores anônimos; *O Homem é Aquilo que Ele Pensa* e *Da Pobreza ao Poder*, de James Allen; *Força Atrativa do Pensamento*, *Para Combater o Medo* e *Para Vencer o Destino*, de Henri Durville, entre tantos outros.

Sem saber, a Pensamento estava preparando o terreno para uma revolução que viria a ocorrer algum tempo depois, pois o que vemos nos títulos acima é praticamente o mesmo que será visto nas livrarias, algumas décadas mais tarde, com o nome de "livros de auto-ajuda e autoconhecimento".

A "auto-ajuda", na década de 1920, indica aquele livro que busca dar respostas ao leitor sobre seus problemas de ordem mais prática, enquanto o "autoconhecimento", como o próprio nome diz, fornece um instrumental para o leitor aumentar e melhorar o conhecimento sobre si mesmo, mas sem o tradicional hermetismo das ciências esotéricas.

Portanto o objetivo desses livros lançados pela Pensamento é uma ação imediata e pragmática no sentido de as pessoas usarem os princípios básicos da psicologia experimental, das leis do mentalismo e do Novo-Pensamento, de Prentice Mulford, para melhorar a si mesmas, suas relações e o meio em que vivem.

Com esse tipo de livro a Editora finca um marco na história do livro no Brasil e faz escola (outros títulos dessa natureza apareceriam somente dez anos mais tarde, em 1930, como *Conhece-te pela Psicanálise*, de Joseph Ralph, primeira obra publicada pela Livraria José Olympio Editora, a empresa desse grande nome das letras brasileiras).

Antigos livros espíritas.

Antigos clássicos de auto-ajuda.

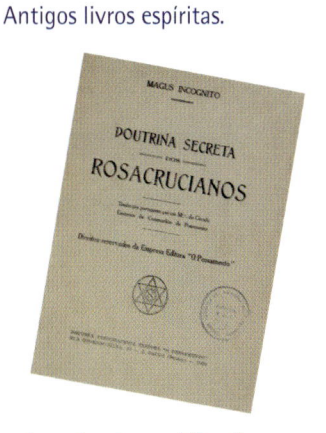

Uma das primeiras publicações de rosacrucianismo no Brasil.

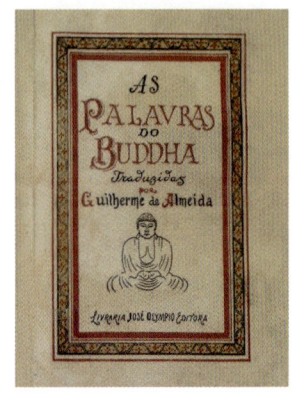

Outro exemplo é o livro de Dale Carnegie, *Como Fazer Amigos e Influenciar Pessoas*, lançado pela Cia. Editora Nacional e distribuído inicialmente pela Pensamento.

* * *

OS AUTORES NACIONAIS SEMPRE fizeram parte do catálogo da Editora, mas por tradição apenas 15% de seus lançamentos eram desses autores, os 85% restantes estavam reservados para obras traduzidas de autores estrangeiros.

Isso não quer dizer que a Editora não privilegiasse o autor nacional; o que acontecia é que os assuntos publicados pela Pensamento (no passado e também hoje) sempre foram por demais estranhos à mentalidade do brasileiro médio. Havia poucos escritores nacionais que fizessem frente em termos intelectuais aos autores estrangeiros tradicionais da casa, como Prentice Mulford, Blavatsky e Éliphás Lévi.

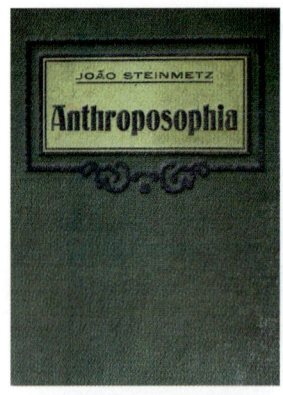

A medicina alternativa ou complementar (que hoje em dia tem dezenas de publicações disponíveis) já fazia parte do catálogo da Editora na década de 1910 com o livro *Cura Prática pela Água*, do Yogue Ramacháraca, ou as obras *Medicina Oculta* e *Radiopatia*, da coleção do Instituto de Ciências Herméticas.

Vejamos agora alguns exemplos de autores nacionais. Desde o fim dessa mesma década, a Pensamento publicava trabalhos do famoso médico homeopata Alberto Seabra, como *Higiene e Tratamento Homeopático das Doenças Domésticas*, *A Alma e o Subconsciente* e *Fenômenos Psíquicos*. Também de outros autores havia títulos ligados à medicina "alternativa", como as obras *Receituário dos Melhores Remédios Caseiros* e *Homeopatia Doméstica Brasileira*, de Francisco Valdomiro Lorenz.

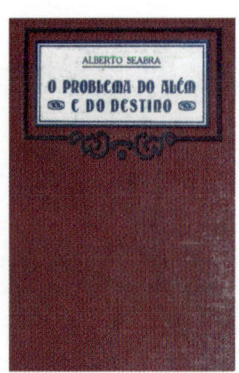

Livro de filosofia budista, publicado pela Livraria José Olympio ("Coleção Rubáiyát").

Raríssima obra de antroposofia, publicada pela Editora O Pensamento.

Livro espiritualista publicado pelo Dr. Alberto Seabra.

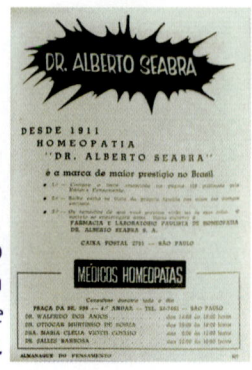

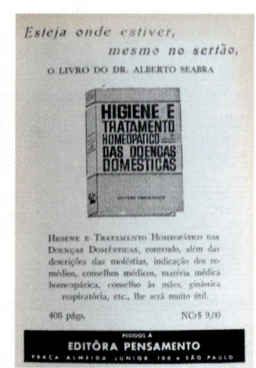

Propagandas do Dr. Alberto Seabra no *Almanaque do Pensamento*.

Nas outras linhas editoriais também havia nessa época publicações nacionais, como, por exemplo, *O Filho de Zanoni*, de Francisco Valdomiro Lorenz (continuação do romance ocultista *Zanoni*, de sir Edward Bulwer Lyton, que foi traduzido por Lorenz e lançado pela Pensamento em 1917); *Dinamismo Espiritual* e *Adquiri vosso Equilíbrio* (depois alterado para *Equilíbrio e Recompensa*), de Lourenço Prado; *Ciência Esotérica* e *Jesus*, ambos de Souza Carneiro; e *A Voz da Natureza*, de Cícero dos Santos.

Outro segmento da Editora, ligado à "auto-ajuda", que também marca época por seu pioneirismo é o dos livros sobre sucesso, prosperidade e triunfo. Alguns deles são: *A Lei do Triunfo, Vantagens da Riqueza, Como Fazer Fortuna em Pouco Tempo, O Segredo do Sucesso* e *Meios Práticos para Triunfar*. (Essas obras sempre venderam muito bem, permanecendo no catálogo por décadas. Há muita gente que ainda acredita que esse tipo de livro foi introduzido no mercado só nos anos 1980 pelo médico, escritor e palestrante Lair Ribeiro, transformando-se em um fenômeno de vendas apenas recentemente. Mas, em vista dos títulos acima, podemos afirmar que isso não é verdade.)

No início dos anos 1940 a Editora já conta com 236 títulos em seu catálogo. Vinha mantendo desde sua fundação uma média de sete lançamentos por ano em áreas tão diversas como bramanismo, maçonaria, rosacrucianismo, magia, ocultismo, romances ocultistas e espiritualistas, "novo pensamento", psicologia, astrologia, além das que já citamos. E, claro, o *Almanaque do Pensamento*, que em 1943 já está em sua 31ª edição anual (com tiragens grandes para a época).

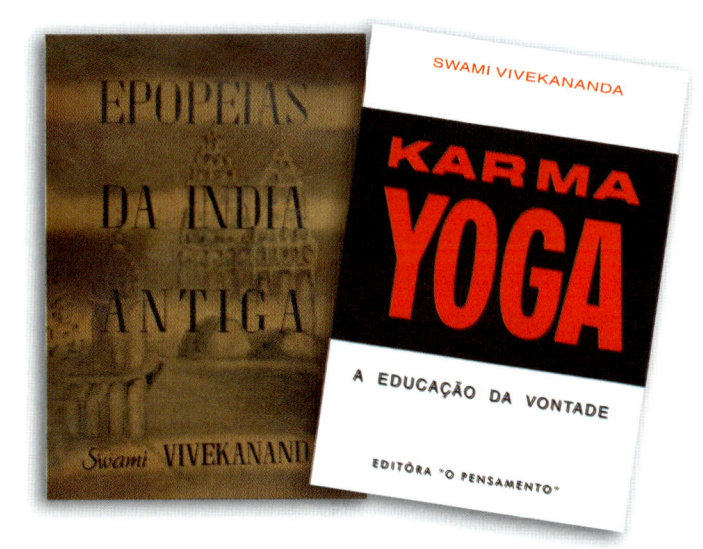

Clássicos de filosofia vedanta de Swami Vivekananda.

* * *

POUCO ANTES DE SEU FALECIMENTO, em 1943, Antonio Olívio pede ao genro José Lopes Ferraz, casado com sua única filha, Ricardina, que assuma a direção da Editora. Mas José Lopes não mostra interesse em continuar o bem-sucedido, porém "quixotesco", projeto do sogro, apesar de suas fortes ligações com os temas relacionados ao ocultismo.

Seu interesse pelos assuntos tratados pela Editora vinha de longe: era membro do Círculo Esotérico desde 1919; era versado nas artes ocultistas e um profundo conhecedor da filosofia espiritualista, tendo participado de várias sociedades ocultistas da Europa e dos Estados Unidos. Não causa então surpresa quando, em setembro de 1943, José Lopes assume o posto de delegado geral do Círculo Esotérico da Comunhão do Pensamento.

Porém suas ocupações são outras: deputado federal; médico, formado pela Faculdade de Medicina do Rio de Janeiro, com especialização em psiquiatria em Paris; afiliado à Academia Livre de Estudos Filosóficos, onde ocupava a cadeira de Psicofisiologia (apresentou trabalhos em diversas áreas, tais como fenômenos nervosos psicológicos e fisiológicos; diferenciação entre consciente, inconsciente e subconsciente; além de trabalhos na área de psicanálise).

Antonio Olívio teria então de encontrar outro sucessor na direção da empresa. E decide: venderá a Editora caso ninguém de sua confiança esteja disposto a tocar o negócio.

Mas, felizmente, as coisas não se passam assim.

Dona Ricardina e José Lopes tinham tido três filhas: Daisy, Dinah e Darly. E Daisy, em 1942, um ano antes da morte do avô, casara-se com Diaulas Riedel, que trabalhava como gerente de vendas na extinta Cia. Santista de Papel.

Certo dia Antonio Olívio resolve perguntar a Diaulas se, por acaso, ele tinha algum interesse em dar continuidade a um empreendimento tão excêntrico e multifacetado, mas principalmente tão desafiador, para um rapaz recém-casado, com apenas 23 anos de idade.

E tem como resposta uma agradável surpresa.

Diaulas, depois de pensar se continuaria em seu estável emprego ou assumiria um futuro tão cheio de responsabilidades e desafios, abraçou corajosamente a segunda opção e começou a se preparar para uma grande transformação tanto em sua vida como na da Editora O Pensamento.

Coragem não lhe faltava, pois a família Riedel tinha bastante experiência em aventuras por terrenos desconhecidos. Diaulas não quebraria a tradição e também iria fazer história.

Daisy Ferraz Riedel, em discurso no Círculo Esotérico.

1944–1956

A Sabedoria e o Destino – Diaulas Riedel: "O Teósofo", o Pesquisador e o Editor – Começa a Grande Transformação

> "À Editora, muito sucesso. Parabéns!"
> – **Therezinha B. Guilherme** (Secretária da Diretoria da Editora há 43 anos)

> "Eu comecei [aqui] com quatorze anos e hoje tenho sessenta e nove."
> – **José Rosa** (Chefe de Expedição)

LUDWIG RIEDEL, O PRIMEIRO membro da família Riedel a chegar ao Brasil, nasceu em Berlim no dia 2 de março de 1790. Era botânico e explorava as regiões do Rio de Janeiro e da Bahia, pesquisando novas espécies, quando foi chamado para participar da famosa Expedição Langsdorff.

O barão George Heinrich Von Langsdorff fora escolhido pelo czar Alexandre I para organizar uma expedição científica que teria como finalidade estudar regiões brasileiras pouco exploradas. Para fazer a pesquisa botânica, ele escolheu Ludwig Riedel.

Entre os anos de 1825 e 1829 a Expedição Langsdorff fez a famosa viagem fluvial do Tietê ao Amazonas, e quando chegou ao fim, depois de muitas aventuras, o material coletado formava um herbário estimado em cerca de 100 mil espécies catalogadas que seriam remetidas a São Petersburgo. O sucesso da expedição se deu principalmente pelo trabalho de Ludwig, pois Langsdorff ficou muito doente e não chegou a completá-la.

Por ter chefiado o final da expedição, Riedel foi intimado a comparecer em Moscou para prestar contas ao czar Alexandre I. (Após tão bem-sucedido empenho, a expedição deveria, na realidade, ser lembrada pelos historiadores como a Expedição Riedel.)

Árvore genealógica da família Riedel (da esquerda para a direita: Ludwig, Alexandre, Arthur, Diaulas, José Arthur e Arthur.

Antiga foto de reunião da família Riedel, quando da visita de importante líder da Sociedade Teosófica Internacional ao Brasil. Diaulas é a criança de terno na frente à esquerda.

Ludwig acabou por estabelecer domicílio no Rio de Janeiro, na Praia Vermelha, por volta de 1829-1830. Trabalhou também em São Paulo, Goiás e Minas Gerais com o explorador dinamarquês Peter Wilhelm Lund no período compreendido entre 1833 e 1835. Em 1836, época em que trabalhava como explorador no Rio de Janeiro, o Imperador nomeou-o diretor dos hortos do Passeio Público e dos herbários do Museu Nacional, em São Cristóvão. Ele faleceu em 1861.

* * *

Diaulas Riedel.

DIAULAS, BISNETO de Ludwig, portanto fazendo parte da quarta geração da família no Brasil, assume a direção da empresa do sogro em 1943 e logo vê que precisa pôr ordem na casa.

Havia apenas uma contabilidade que servia à Editora e ao Círculo Esotérico, o que gerava uma confusão muito grande com relação a gastos e faturamento, pois a gráfica imprimia tanto para a Editora (os livros e o almanaque) como para o Círculo (a revista). Também o recebimento das anuidades do Círculo, as assinaturas da revista, os custos com a gráfica e as vendas de livros

Diaulas Riedel, em discurso, quando assumiu como Delegado Geral do C.E.C.P.

Panorama do salão principal do Círculo Esotérico no antigo Prédio da Torre.

estavam de tal forma misturados que Diaulas se pergunta: "O que é que eu vou fazer com essa loucura?" (como contou a seu filho Ricardo muitos anos mais tarde).

Quando Diaulas assume, as instalações da empresa ocupavam três prédios:

A livraria O Pensamento funcionava nos n°s 169/171 da Rua Rodrigo Silva, onde também ficava, no primeiro andar, a biblioteca do Círculo Esotérico.

Os escritórios, tanto do Círculo como da Editora e da gráfica, funcionavam na mesma rua, nos n°s 138/140.

E no prédio do Largo São Paulo n° 100 – o famoso e imponente "Prédio da Torre" –, funcionavam a gráfica, no térreo, e a sede do Círculo Esotérico, com seu amplo salão de reuniões, no primeiro andar.

Nesse prédio também estava instalado o Hospital Municipal de São Paulo, no último pavimento. Essa é uma longa história: quando se deu o término da construção do prédio na década de 1930, surgiu a idéia de instalar um hospital que atendesse aos membros do Círculo. José Lopes Ferraz, genro de Antonio Olívio, havia acabado de concluir sua especialização em psiquiatria e estava voltando da França, trazendo com ele as mais modernas aparelhagens médicas para montar o hospital. Mas, com o tempo, viu-se que era absolutamente oneroso manter um hospital apenas com os recursos dos membros do Círculo. A idéia foi então abandonada e as instalações e aparelhagens postas à disposição da Prefeitura de São Paulo, que fundou ali o seu primeiro Hospital Municipal.

No ano em que Diaulas assume, 1943, por descuido dos funcionários do hospital ocorre um incêndio no prédio que danifica parte de suas instalações. (A causa do sinistro foi um aparelho de raios X que não havia sido desligado. Após o incidente, a prefeitura transfere o hospital para a Rua São Paulo.) Começa então a reforma, mas seu andamento é lento por causa de um processo correndo contra a prefeitura pelos danos causados ao prédio.

Também desse mesmo ano é o primeiro livro que Diaulas lança como editor: *A Sabedoria e o Destino*, do escritor belga e Prêmio Nobel de Literatura Maurice Maeterlinck.

Ganhador do Nobel em 1911 por sua obra *L'Oiseau Bleu* [O pássaro azul], Maeterlinck também foi autor de vários livros famosos, como *A Vida das Formigas*, *A Vida das Abelhas* e *O Tesouro dos Humildes* (os dois últimos publicados no Brasil pela Pensamento).

Primeiro livro editado por Diaulas Riedel.

* * *

EM 1945, PARA ENFIM PÔR ORDEM NA CASA – isto é, para atender às necessidades administrativas frente a tantas outras reformas que precisam ser feitas na empresa –, Diaulas contrata Leandro Meloni. Ele foi indicado por Jitomir Theodoro da Silva, então sócio na empresa Correa Dias Companhia de Papel e Papelaria Ltda., que Arthur Riedel, pai de Diaulas, havia fundado com outros três sócios em 1926.

Leandro Meloni: O Editor

Leandro Meloni foi também um dos fundadores da extinta Dominus Editora, que em sua diretoria contava com várias personalidades do livro brasileiro, como Thomas de Aquino Queiróz (da T.A. Queiróz Editora) e Ênio Silveira (da Editora Civilização Brasileira). A linha editorial da Dominus era a publicação de livros católicos, mas na prática ela passou a publicar também livros nas áreas de política, sociologia, filosofia e economia. Desde quando foi fundada, em meados da década de 1960, até o término de suas atividades, a Dominus Editora chegou a publicar mais de 200 livros de bolso, que compunham a Coleção Buriti; entre seus títulos estavam *Iniciação ao Cinema* (J.C. Ismael), *Introdução ao Teatro* (Sábato Magaldi), *Revoluções do Brasil Contemporâneo* (Edgar Carone), *Que é Filosofia* e *Que é Cooperativismo* (Luíz Washington Vita e Diva Benevides, respectivamente). Os textos eram exclusivamente de autores brasileiros e muitos deles foram lançados em co-edição com a EDUSP (a editora da Universidade de São Paulo). Mas essa coleção teve vida curta por causa das responsabilidades que os sócios tinham diante de outras editoras: Queiróz, ligado à Editora Nacional; Ênio Silveira, à Civilização Brasileira; e Leandro Meloni, à Editora Pensamento. Meloni optou por encerrar as atividades da Dominus Editora e continuar na Pensamento.

Meloni é encarregado de organizar os escritórios da Editora e do Círculo, bem como a contabilidade geral, os serviços de correspondência, a cobrança dos afiliados do Círculo, a gráfica, etc. (e, por mais de 60 anos, Meloni continuou sendo o "braço direito" da Editora Pensamento).

Depois de três anos de árduo trabalho, e concluída a reforma do prédio do Largo São Paulo (que anos depois seria rebatizado como Praça Almeida Jr.), finalmente, em 1948, os escritórios do Círculo e da Editora – com suas contabilidades devidamente separadas – passam a funcionar no "Prédio da Torre", abandonando em definitivo o antigo endereço da Rua Rodrigo Silva.

Leandro Meloni (ao centro).

Diaulas já havia simplificado o nome da "Empresa Tipográfica e Editora O Pensamento" para "Editora O Pensamento". E também, com as mudanças administrativas realizadas a partir de 1945, a gráfica passa a se chamar Edipe – Edições Pensamento; é com esse nome que ela começa a publicar aquelas obras que não se encaixam na linha editorial da editora-mãe.

* * *

PARA PROMOVER OS LIVROS e alavancar as vendas, Diaulas e outros editores e livreiros chegam à conclusão de que precisam de maior apoio do governo e maior divulgação junto ao público. Começa assim a surgir no mercado editorial brasileiro um movimento para a criação de uma entidade que popularizasse o livro, em âmbito nacional, naquele duro período pós-Segunda Guerra.

Com o fim da ditadura do Estado Novo, em 1945, Getúlio Vargas faz seu sucessor na presidência, o general Eurico Gaspar Dutra, mas o Brasil não dispõe de praticamente nenhuma política voltada para o livro. É então, por volta de agosto ou setembro, que a classe livreira e editorial do país se une e cria a campanha "Livros, Presente de Amigo".

Diaulas acabava de voltar dos Estados Unidos. O foco de sua viagem fora ver como trabalhavam os editores norte-americanos, a quantas andava o mercado por lá e quais eram as últimas tendências. Achara interessante a maneira como a classe editorial norte-americana se organizava em torno de clubes e associações a fim de discutir não só os problemas, mas

Em 1946 iniciou-se a campanha "Livros, Presente de Amigo".

também as políticas e estratégias para o desenvolvimento sempre crescente dessa área. Em uma entrevista que deu ao jornal *A Gazeta*, após seu retorno, Diaulas diz que "O livro não pode ser considerado apenas um meio para ganhar dinheiro", e apóia veementemente a campanha "Livros, Presente de Amigo".

Sem o medo da perseguição política, do autoritarismo e da censura da extinta ditadura Vargas, e com uma nova Constituição que abria possibilidades para a busca da retomada econômica e de paz e prosperidade, mas sobretudo do livre debate de idéias, o livro espera momentos mais prósperos e luminosos no Brasil.

Em agosto de 1946, na sede da Associação Comercial de São Paulo, é formalmente proposta a criação de uma *entidade de classe* que, muito mais do que defender seus interesses comerciais, teria a tarefa de divulgar e promover o livro no país. Dessa reunião inicial participam inúmeras personalidades do meio editorial: Jorge Saraiva (Editora e Livraria Saraiva), Octalles Marcondes Ferreira e Ênio Silveira (Cia. Editora Nacional), Edgard Cavalheiro (Livraria do Globo) e Diaulas Riedel, entre outros.

E, em 20 de setembro, nasce a Câmara Brasileira do Livro (CBL) durante uma assembléia de editores e livreiros na sede da Editora O Pensamento; ela se torna assim uma das sócias fundadoras da CBL, que foi reconhecida como instituição de utilidade pública em 1958 pela Assembléia Legislativa de São Paulo.

Reunião preparatória da fundação da Câmara Brasileira do Livro. Diaulas Riedel ao fundo, de terno branco.

Ata da primeira reunião da Câmara Brasileira do Livro.

Ênio Silveira, da Civilização Brasileira, e Jorge Zahar, da Zahar Editores, grandes amigos de Diaulas Riedel.

Surgem também as primeiras *feiras do livro* na praça da República e no Anhangabaú entre os anos 1950-1952, que dão origem a outras feiras e servem de base para a criação da Bienal Internacional do Livro, bem como a modernização do parque gráfico nacional.

* * *

Estande da Editora Pensamento na primeira festa do livro no Salão do Automóvel.

A MODERNIZAÇÃO DO PARQUE GRÁFICO também atinge a empresa de Diaulas, que inicia a ampliação de sua gráfica. Ele adquire novas máquinas que vão permitir a melhoria e o aumento de suas publicações, e também nos momentos ociosos imprimir para outras editoras, como a Zahar Editores, a Cia. Editora Nacional, a Difel (que acabara de ser criada, em 1951), a Martins Editora, a José Olympio e outras.

É um momento de expansão para o mercado editorial brasileiro. Também desse período é o aparecimento da revista *Anhembi* (que teria a colaboração de um futuro autor da Pensamento, José Trigueirinho Netto), o surgimento da primeira enciclopédia em cores, pela Editora Maltese, e a mudança de Ênio Silveira, da Cia. Editora Nacional para a Civilização Brasileira.

A Editora O Pensamento, no fim da década de 1940 e início da de 1950, já havia ampliado significativamente o escopo de seu catálogo por meio de várias mudanças em suas publicações, mas sem perder de vista a sua linha editorial.

Dentre as novas áreas de publicação, a Editora passa a lançar livros didáticos, infantis e infanto-juvenis, dicionários e manuais técnicos, como *Eletricidade Elementar*, *Mecânica*, *Matemática para Oficinas* e *Manual do Perfumista*, todos saindo pela Edipe.

Também cria um catálogo de teosofia, lançando os clássicos do gênero, como as obras de C.W. Leadbeater, C. Jinarajadasa, Annie Besant e outros.

Diaulas tem a idéia de publicar certos títulos novos porém agrupados a alguns clássicos da casa, formando assim coleções, como a famosa Biblioteca do Lar, composta pelos volumes: *A Maravilha da Vida*, de Milton Levine e Jean H. Seligman; *A Mulher (seus transtornos sexuais)*, de Leandro C. Perussi; *A Mulher depois dos Quarenta Anos*, de Sarah Trent; *Aprenda a Educar seu Filho*, de Theobaldo Miranda Santos; *Boas Maneiras*, de Carmem D'Avila; *Comer Bem* (Dona Benta); *Divertimentos, Passatempos e Habilidades*, de Nino Caro; *A Radiestesia no Lar*, do Dr. E. Saevarius; *Receituário dos Me-*

"Clássicos da Teosofia".

À esquerda, Charles W. Leadbeater.
À direita, Annie Besant.

lhores Remédios Caseiros, de Francisco Valdomiro Lorenz; *Manual da Dona de Casa (400 conselhos para todos os lares)*; e *Mistérios do Sexo*, do Dr. R. Swinburne Clymer.

Há também outras coleções no catálogo da Editora, como, por exemplo, os 32 volumes da *História Universal*, de Cesare Cantú, e as obras de Alexandre Dumas.

A teosofia começa a ficar bastante popular e os livros espíritas escritos em forma de romance, que a Editora já publicava desde a década de 1920, vão ganhando mais penetração no mercado. Outros livros espíritas, não romanceados, também são publicados, como *Ciência Metapsíquica* e *Corpo e Espírito*, ambos de Carlos Imbassahy; *Flores de Outono*, de Jesus Gonçalves; além de obras de Kardec e de um pequeno livro muito popular chamado *Preces Espíritas*, a Editora lança a famosa obra *A Cruz de Caravaca*. São inclusive publicados alguns livros de Francisco Cândido Xavier, o médium mais conhecido do Brasil, como *Cartas do Evangelho* e *Coletânea do Além*.

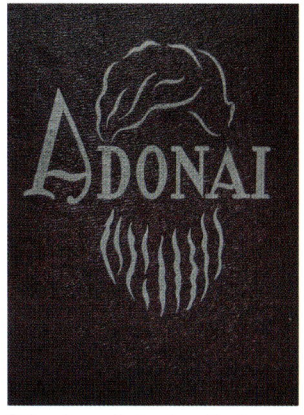

Primeira edição do clássico de Jorge Adoum (Mago Jefa).

Chico Xavier e Diaulas trocaram correspondência durante muitos anos, não apenas como escritor e editor, mas também como amigos e irmãos espirituais.

Uma das raras fotos de Chico Xavier sem óculos escuros.

Lembranças de Chico Xavier a Diaulas Riedel.

* * *

POR MEIO DE ESTRATÉGIAS DE MARKETING, a produção da Editora avança a olhos vistos, e seu público cresce junto.

A estratégia que envolvia a comercialização do *Almanaque* estava dando ótimos resultados: na primeira metade da década de 1950 suas tiragens são altíssimas – em média 300 mil exemplares. A publicação é extremamente popular em regiões rurais e até mesmo em regiões absolutamente remotas, a ponto de quase todo agricultor consultar o *Almanaque* antes de iniciar seus empreendimentos agrícolas. Mas essa popularidade acaba incomodando alguns membros do clero católico, que nas missas de domingo pedem aos fiéis para não lerem o *Almanaque do Pensamento*, pois era pecado!

A venda do *Almanaque* é feita principalmente pelo sistema de mala direta; os lotes são remetidos antecipadamente para os clientes de todo o país – bancas de jornal, farmácias e outras empresas, que em muitos casos encomendam grandes quantidades para dar de brinde aos próprios clientes. Na quarta capa ia impressa, gratuitamente, a propaganda do cliente que tivesse adquirido cem ou mais exemplares; e não eram aceitas devoluções.

As tiragens saem aos poucos da gráfica, à medida que vão chegando os pedidos de cada região. A primeira tiragem é de 50 mil exemplares e dividida entre as regiões Norte e Nordeste. A segunda, também de 50 mil exemplares, tem como destino a região Centro-Oeste. E mais duas, com média de 150 mil a 200 mil, para as regiões Sul e Sudeste e para as principais capitais. Com essa estratégia o *Almanaque* é então lançado simultaneamente em todas as regiões, sem que nenhuma delas se sinta lesada ou privilegiada. A tiragem total girava em torno de 300 mil exemplares.

Durante vários anos o *Almanaque* abre suas páginas para a inserção de publicidade de outras empresas, o que gera um caixa extra a ser investido em novos títulos ou melhorias na Editora. Entre essas empresas destacam-se: Cia. União dos Refinadores (açúcar União), Laboratórios Fontoura (que dispunha do famoso *Almanaque do Biotônico*), Fracalanza (talheres), Gillete Azul, Fitas Adesivas Scotch e também diversos cursos por correspondência, como o Instituto Universal Brasileiro. E, obviamente, a Editora também aproveita o espa-

Expedição do *Almanaque do Pensamento*.

Propagandas veiculadas no *Almanaque do Pensamento*.

ço para inserir algumas propagandas de seus títulos, principalmente as coleções.

Mas há outros meios para a divulgação de seus livros. Como no caso do *Almanaque*, a Editora remete catálogos aos seus leitores por mala direta usando a técnica do *endereçamento adensográfico*. Esse procedimento consiste no seguinte: uma máquina especial grava o nome e o endereço do cliente numa chapinha metálica, que depois é arquivada por ordem de cidade e estado. Essas chapinhas são "batidas" no catálogo, como se fossem impressas ou carimbadas, e remetidas aos clientes. Para dar conta de tanta correspondência e melhor atender os clientes a empresa conta, por essa época, com um time de 70 datilógrafas (!).

Secretárias da Editora, na época das grandes edições do *Almanaque do Pensamento*.

Além disso, nas noites de autógrafo, os vendedores que faziam a praça, os distribuidores e as livrarias – incluindo a famosa Livraria do Pensamento, no centro de São Paulo, que pertencia à Editora desde sua fundação – completavam o quadro de estratégias para "fazer os livros andarem", através de exposições e distribuições maciças de seus títulos.

Lançamento de *Maravilhas do Conto Brasileiro*.

Coleção "Os Melhores Contos".

* * *

NOS CATÁLOGOS DOS ANOS 1950 da Pensamento podemos ver que já aparecem vários *long-sellers*.

Long-seller é aquele livro que nunca sai do catálogo. Ele fala de verdades universais, geralmente sem se restringir a tempos e espaços definidos, portanto não envelhece e garante um público amplo. Assim, vende sempre.

Um dos melhores exemplos é o livro de Dale Carnegie, *Como Fazer Amigos e Influenciar Pessoas*, um dos mais famosos *long-sellers* de todos os tempos. Sua primeira publicação foi em 1951, pela Cia. Editora Nacional, mas distribuído pela Pensamento, que já era conhecida nacionalmente por publicações do gênero.

Nessa época, a Editora O Pensamento já tem sua própria "lista dos mais vendidos", que (como nos dias de hoje) é permeada por muitos livros valorosos de "auto-ajuda" e "autoconhecimento", como os livros de Lourenço Prado, que já citamos. Dentre os livros desse autor tem destaque especial *Alegria e Triunfo* – com quase um milhão de exemplares vendidos e um dos carros-chefe da Editora; ele nunca saiu de catálogo desde seu lançamento na década de 1930.

> ### O Hermetismo da Pensamento Ganha Novos Ares
>
> Como a Editora Pensamento tinha produtos herméticos, [e] você não sai por aí fazendo propaganda de Allan Kardec, era difícil promover. O cliente primeiro tinha que se tornar um kardecista para depois se transformar num consumidor. [...] O Diaulas herdou a Editora Pensamento, então ele herdou uma editora com temas herméticos. [...] mas ele era muito dinâmico, não podia ficar só nos temas herméticos, esperando que as pessoas viessem comprar. Acho que [...] se tivesse que lançar livros de outra linha, ele teria que ter uma outra editora [...] e acho que ele fez isso [...] fez a Editora Cultrix muito arejada, com o logo do peixe, [criado] pelo Aldemir Martins. [...] me lembro do dia em que ele trouxe o *layout*, que se tornou depois o logotipo da Cultrix [...]
>
> — Cosmo Juvela

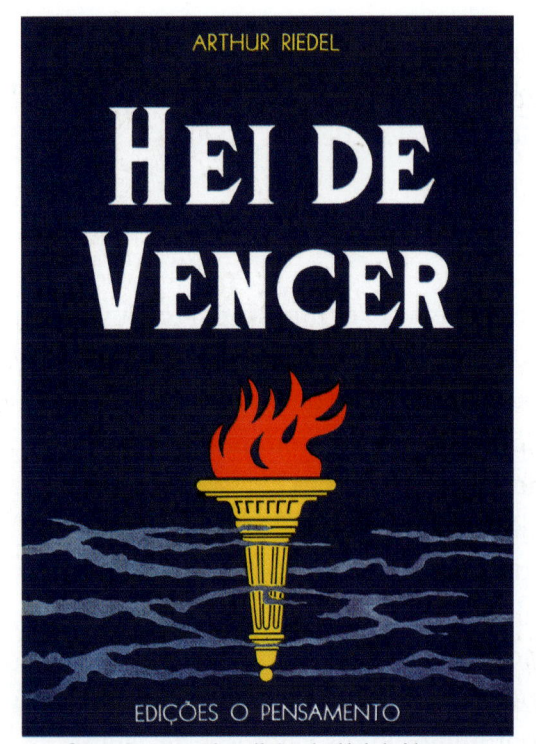

* * *

Capa da segunda edição de *Hei de Vencer*.

A FORMA MODERNA DE VENDER livros de auto-ajuda no Brasil pode ter sido iniciada por Lair Ribeiro, mas o verdadeiro precursor foi outro.

De forma natural e sem compromissos com o formalismo, as palestras de Arthur Riedel, pai de Diaulas, vinham conquistando muitos admiradores há algum tempo.

Arthur era avesso a publicar suas idéias em forma de livro, mas sem ele saber o filho contratou uma pessoa para ir taquigrafando suas palestras e, assim, em 1952 já havia uma série pronta para formar um futuro livro.

Hei de Vencer é então lançado. (O livro já vendeu 200 mil exemplares, em 32 edições; se fosse lançado hoje, essa vendagem já seria considerada um marco para obras de auto-ajuda. O trabalho de Arthur ocupa o mesmo patamar do mentalismo de Prentice Mulford, Wilkinson e Peale, e, o que também é importante, o livro agrada até os dias de hoje.)

Hei de Vencer está repleto de parábolas pitorescas, mas com alto nível de conhecimento espiritual, como a história das duas rãzinhas:

> *Uma ocasião, duas rãs caíram em duas vasilhas de leite. Uma era da escola "Hei de Vencer", da energia, da vontade e da perseverança.*
>
> *A outra era uma rã que aceitava o destino pelo destino, porque estava escrito no Maktub dos árabes.*
>
> *A rã do "Hei de Vencer" começou a nadar e a dizer "hei de vencer". Eu hei de vencer; a outra rã rezava e dizia: "Seja feita a vontade de Deus".*
>
> *A primeira batia os pés, fazia força, e a segunda dizia: "Minha irmã, por que essa força? Não adianta cansar-se, daí você não sai mesmo". A rã perseverante respondeu: "Saio sim, o Prof. Riedel diz que devemos vencer; portanto, 'hei de vencer'". No fim, aconteceu uma coisa que ninguém esperava: de tanto bater os pés, o leite virou manteiga.*
>
> *Então ela firmou o pé, pulou fora e disse: "Eu hei de vencer". A outra continuou no seu fatalismo e morreu.*

Tendo conteúdo para constar em qualquer bom livro de auto-ajuda moderno, essa história mostra-nos que, com perseverança e força, sempre vale a pena aventurar-se pelo desconhecido; ou mesmo quando a certeza de uma resposta óbvia nos faz desistir, devemos sempre dizer: HEI DE VENCER!

Esse lema surgiu na mente de Arthur em sua mocidade, quando certa vez ele passava por uma grave crise que "ameaçava esmagá-lo", crise tão aguda que ele chegou mesmo a pensar em suicídio. Num momento em que idéias horríveis rodeavam sua mente, Arthur sentiu um trovejar silencioso dentro de si e, a partir de então, um pensamento constante passou a acompanhá-lo – "HEI DE VENCER, não sei quando nem como, mas HEI DE VENCER".

Viu-se, assim, como que iluminado por uma poderosa e irreversível esperança de triunfo e vitória. Conseguiu recobrar as forças e, revestido de grande coragem, acabou superando a crise.

Nunca mais se separou desse pensamento. Para não o esquecer em hipótese alguma, quando surgia outra crise, ele colava a inspiradora frase em tudo: copos, janelas, mesas de trabalho, além de escrever bilhetes para si mesmo. E sempre recomendava a frase aos desafortunados e sofredores que encontrava.

Quando Arthur morreu, em agosto de 1952, sua máxima já havia conquistado todo o país. Podia ser vista afixada em casas de comércio, escolas, presídios, oficinas, veículos e em milhares de lares. E, claro, na revista *O Pensamento*.

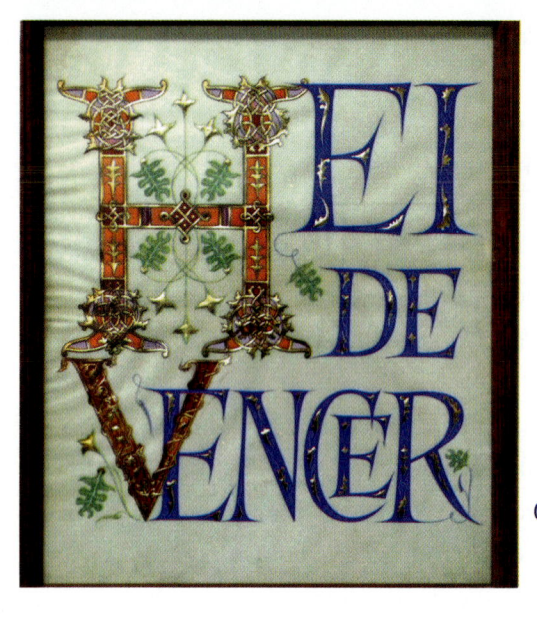

Quadro do Círculo Esotérico, de quando adotou a máxima Hei de vencer.

Quadro Hei de vencer.

* * *

ARTHUR NASCEU NA CAPITAL paulista em 27 de maio de 1888. Era filho do professor Alexandre Riedel, que foi diretor-geral da antiga Secretaria do Interior do Estado de São Paulo por cerca de 20 anos.

Não por acaso, 1888 é o ano em que Helena P. Blavatsky lança sua obra *A Doutrina Secreta* (obra que só em 1980 seria publicada no Brasil na íntegra, em seus 6 volumes. Claro que pela Pensamento, que supriu assim uma importante lacuna da literatura esotérica nacional quase cem anos depois de publicada pela autora).

Desde a infância Arthur era dedicado em seus estudos escolares, que culminou em sua formatura como professor normalista. Lecionou por vários anos em diversas localidades do interior de São Paulo e foi diretor de um Grupo Escolar na cidade de São Carlos, onde se dedicou também a um grupo de escotismo que teve muito boa repercussão na região.

Deixou o magistério e, a partir de 1926, passou a trabalhar em uma empresa de comércio de papel (a já citada Correa Dias Companhia de Papel e Papelaria Ltda.), mas não esqueceu seu dom de educador.

Durante muitos anos manteve em sua casa uma Escola da Vida, que reunia amigos e simpatizantes de suas idéias; desse modo pôde ajudar moral e espiritualmente centenas de pessoas. Foi então que o lema criado pe-

Arthur Riedel (foto histórica do autor de *Hei de Vencer*).

lo professor Arthur começou a ser usado pelo Círculo Esotérico, do qual foi vice-presidente do Supremo Conselho.

* * *

CERTAMENTE DIAULAS ERA um adepto do lema "Hei de vencer" de seu pai, pois ele dá mais um grande passo.

Na segunda metade dos anos 1950 há o crescimento e a consolidação do ensino universitário no país, e algumas editoras, como a Brasiliense, a Civilização Brasileira e a José Olympio, ensaiam timidamente o lançamento de um ou outro título mais acadêmico.

Mas Diaulas iria mais longe. A partir de 1956 – durante o governo do "presidente bossa-nova" –, cria uma nova "*matrix* cultural" nas letras brasileiras e revoluciona o segmento universitário do mercado editorial brasileiro.

Diaulas Riedel na época da fundação da Editora Cultrix.

Biblioteca Arthur Riedel, fundada por Diaulas Riedel na década de 1970.

Diaulas Riedel, o Filantropo

Em fins da década de 1940 Arthur Riedel — já há muito tempo curado de sua crise, mas ainda impregnado pelo clima do Hei de vencer — comprou uma chácara em São Roque, a cidade em que dava aulas.

Com essa compra, ele deu início de uma longa história de amor entre a família Riedel e a simpática cidade do interior de São Paulo.

Seu filho Diaulas passou a gostar tanto de São Roque que, mais tarde, ao ver que a cidade não possuía biblioteca, resolveu ele mesmo fundar uma. No início de 1970 reformou um antigo prédio no centro da cidade para abrigar a tão sonhada biblioteca. Deu a ela o nome de Biblioteca Arthur Riedel.

Além de reformar o prédio, Diaulas doou o acervo inicial. E a Editora Pensamento-Cultrix, em memória dessa generosidade, continua até hoje a doar livros para a biblioteca.

Ainda por amor à cidade, Diaulas fez mais. Nesse mesmo período, preocupado com o crescimento desordenado de São Roque, ele adquiriu vários terrenos a fim de evitar que fossem invadidos e, depois de algum tempo, doou-os à prefeitura para a construção de loteamentos de casas populares.

A fundação da APAE de São Roque também só foi possível graças ao incansável empenho de Diaulas. A instituição precisava muito de uma sede própria e Diaulas, é claro, não ficou indiferente perante tal necessidade e doou a chácara da família Riedel, na Rua São Paulo, onde seria construído o prédio da nova sede.

Com esses atos Diaulas mostrou que nem só de editar livros se faz um grande editor. Ele foi um homem que realmente se interessou pela cultura e pelo desenvolvimento do nosso país.

Interior da Biblioteca Arthur Riedel, em São Roque.

Placa em homenagem ao Prof. Arthur Riedel, em São Roque.

1957–1963

Novos Rumos, Outros Mundos – A Fundação da Cultrix e a Expansão do Pensamento – Ocultistas e Intelectuais – As Coleções e a Cia. Brasileira Divulgadora de Livros

"**FOI UM TEMPO EM QUE** – para usar uma expressão do ensaísta Roberto Schwarz – o país estava 'irreconhecivelmente inteligente'. Surge a Bossa Nova, o Cinema Novo e a Novacap. Fala-se cada vez mais em 'libertação nacional' e imperam os *slogans* ultra-otimistas: '50 anos em cinco', 'transformações estruturais' e 'reformas de base'. O 'nacional-desenvolvimentismo' parecia ser 'o caminho do meio' entre nacionalismo e 'entreguismo', entre economia estatizada e liberalismo" (BUENO, 2002, p. 348).

O período compreendido entre o fim dos anos 1950 e o início dos 1960 é o marco para as mudanças culturais se instalarem (e a globalização dar seus primeiros passos). Afinal o Brasil tem Juscelino Kubitschek, um presidente jovial e sorridente, adepto do "desenvolvimentismo" que prometia grandes avanços para o país (aqueles "50 anos em cinco", citados acima), além de uma futurista nova capital (a Novacap), construída no interior central do país para ajudar a equilibrar o foco econômico entre o "Brasil litoral e o Brasil sertão".

Há no ar muito dinamismo, otimismo e modernidade (o Rock nacional dá seus primeiros passos, Nora Ney grava *Rock around the Clock*; a Bossa Nova torna-se internacional; e a televisão começa a ser o principal meio popular de comunicação), contudo a intelectualidade brasileira se sente um tanto órfã de uma casa editorial que faça jus às mudanças culturais que o Brasil vive de modo tão intenso, principalmente em relação aos avanços e à consolidação do ambiente universitário.

A Pontifícia Universidade Católica (PUC) do Rio de Janeiro tinha criado em 1953 o primeiro curso de psicologia do país e, em 1962, o presidente João Goulart assina um decreto que regulamenta a profissão de psicólogo.

Nesse ambiente favorável algumas editoras ensaiam, aqui e ali, publicações que possam atender a essa nova demanda intelectual.

* * *

DESDE QUE ASSUMIRA COMO editor/diretor em 1943, Diaulas já havia lançado livros bem diferentes das tradicionais linhas da Editora – normalmente para atender a alguma demanda de mercado –, não se restringindo a publicar apenas os "estranhos" volumes de ciência espiritualista que sempre eram comentados por quem visitava a Livraria do Pensamento, ou por quem via o catálogo da Editora no *Almanaque* ou na revista.

Com o lançamento da "Biblioteca do Lar", através de um marketing ultramoderno, Diaulas revitalizou obras antigas do catálogo e editou títulos novos, integrando-os para formar a coleção, além de lançar livros bem diferentes do seu tradicional catálogo espiritualista, tais como: *A Construção do Mundo*, de H.G. Wells; *Dicionários* "próprios para bolso"; *Estenografia Ideal*, de Francisco Valdomiro Lorenz; *Os Tesouros da Terra*, de Juri Semjonaw; *O Tempo e o Vento*, de Érico Veríssimo; obras de Alexandre Dumas; e *Os Homens que Constroem o Futuro*, de Bruce Blevim.

Diaulas lançou esses volumes pela Edições Edipe, mas chegou um momento em que ele começou a ver a necessidade de dar um nome mais emblemático à Edipe, a editora ligada à gráfica.

Funcionários da gráfica EDIPE.

Produção de livros na gráfica EDIPE.

É então, em uma reunião na qual Diaulas e o famoso poeta José Paulo Paes (que desde 1952 vinha fazendo trabalhos avulsos para a Pensamento) ficam longamente trocando idéias sobre a criação de uma nova "*matrix* cultural" –, que surge a palavra "cultrix".

Essa palavra daria nome a uma nova linha editorial, totalmente diferente da linha da Pensamento. Diaulas não queria nem descaracterizar a única editora absolutamente esotérica e espiritualista do Brasil, nem identificar as obras do novo selo com o estranho catálogo da editora-mãe.

Assim nasce a Edições Cultrix.

Ainda no ano de 1952 os primeiros títulos da Edições Cultrix começam a circular de modo parecido ao do selo-mãe, isto é, não têm repercussão maior do que qualquer publicação da Pensamento. São eles: *O Mistério do Sexo*, do Dr. R. Swinburne Clymer; *A Radiestesia no Lar*, do Dr. E. Saevarius; *A Maravilha da Vida*, de Milton I. Levine e Jean H. Seligman, que já haviam sido editados pela Pensamento; além de um livro sobre as profecias de Nostradamus.

Desenho-Presente de Erico Verissimo a Diaulas Riedel.

Enquanto isso, na Pensamento, alguns livros raros e esgotados começam a retornar ao catálogo em belíssimas reedições. (Uma tradição que começou nessa época: valorizar o seu fundo de catálogo, renovando-o a fim de atender as novas gerações que desconheciam obras mais antigas da Editora, tais como *Tratado Elementar de Magia Prática*, de Papus; *A Sorte Revelada pelo Horóscopo Cabalístico*, de Francisco Valdomiro Lorenz; *Orações Ocultas* e *A vida Triunfante*, de autores anônimos.) Mas Diaulas, com os olhos no futuro, alça vôos mais altos e acaba abrindo a mente do leitor brasileiro para novos mundos.

* * *

DIAULAS FAZ ALGO INÉDITO no Brasil: transforma a Edições Cultrix em uma editora universitária, com lançamentos voltados para as áreas de psicologia, literatura, sociologia, filosofia e lingüística, além, claro, de manter as coleções anteriores que constavam no catálogo daquele que havia sido apenas um humilde selo da Editora O Pensamento.

É fundada então a Editora Cultrix em 1956.

A "Porta dos Fundos" do Mundo dos Livros

[...] acabei sendo um auxiliar de contabilidade também porque, num certo ponto, a Editora Cultrix, que foi fundada mais ou menos na época em que eu entrei, decidiu lançar um livro que, se não me engano, era *Histórias Alegres de Mark Twain*. E o Leandro [Meloni] me chamou e disse o seguinte: "Você não quer fazer um pequeno texto, introduzindo esse livro para os livreiros?" [...] Fiz esse texto, mas fiz mais [...] peguei uma mala direta, que naquele tempo não tinha esse nome, [...] e, embaixo [do texto, incluí] uma espécie de cupom e coloquei [junto] um envelope que permitiria ao livreiro nos mandar de volta o pedido feito, preenchido. Acho que foi um sucesso porque entrei para o departamento de vendas; me tornei chefe do departamento de vendas da Editora Pensamento-Cultrix. Daí passei a parte de contabilidade para uma menina e eu apenas conferia os balanços. Na verdade, essa foi a hora em que realmente eu me revelei para o livro, me identifiquei. Então, respondendo a sua pergunta: entrei na atividade livreira pela "porta dos fundos" porque fui convidado para ser contador numa empresa que, por acaso, trabalhava com livros. Se fosse outra atividade, um supermercado, por exemplo, não sei o que eu estaria fazendo hoje [...] Sempre digo para os meus filhos e para as pessoas que me conhecem que, quando escolhi a profissão de editor, não foi uma atitude profissional, fui escolhido. [...] nada acontece por acaso [...]

— Cosmo Juvela

"Coleção Annie Besant", de Teosofia.

O grande poeta e tradutor José Paulo Paes.

Diaulas conta desde o início com a ajuda e a simpatia de vários intelectuais, alguns do próprio meio editorial ou acadêmico, entre eles: Edgard Cavalheiro, José Paulo Paes, Massaud Moisés, Fernando Correia da Silva e Ernani da Silva Bruno; e lança várias obras em co-edição com a editora da USP, sendo que entre os tradutores há vários intelectuais ligados à universidade, como Décio Pignatari e Segismundo Spina.

Edgard Cavalheiro.

José Paulo Paes é um dos que mais contribuem para o sucesso editorial do novo empreendimento de Diaulas. Torna-se em 1962 o redator do jornal da Editora Cultrix – o *Notícias Literárias* – e, em 1967, começa também a contribuir com textos para o *Almanaque do Pensamento*. (O ilustre colaborador permaneceu à frente da Cultrix, cuidando do catálogo e da produção editorial, até agosto de 1980. Após sua saída a Editora passaria a trabalhar com títulos voltados a uma "nova consciência", o que a integrou mais à filosofia do selo-mãe. Veremos isso pormenorizadamente no período 1980-1997, p. 119.)

* * *

NESSE ANO DE 1956 os ares estão muito bons para o livro no Brasil, com vários momentos históricos que valem a pena ser lembrados: Guimarães Rosa publica a versão definitiva de *Sagarana* e também é lançada sua obra-prima, *Grande Sertão: Veredas*; José Olympio edita a obra *Duas Águas*, de João Cabral de Melo Neto, que inclui *Morte e Vida Severina*; também é lançado o primeiro volume da "Coleção Vera Cruz", de literatura: a obra é *O Encontro Marcado*, de Fernando Sabino. Também do mesmo ano é o primeiro número da *Revista do Livro*, publicada pelo Instituto Nacional do Livro.

Em meio a tanta agitação intelectual, a Editora Cultrix logo começa a ser notada no universo editorial brasileiro. Em apenas seis meses ela ganha respeito entre os acadêmicos e conquista grandes figuras nas letras, como o Prof. Massaud Moisés, que nos contou por carta como foi o lançamento do *Dicionário de Literatura Brasileira*, seu primeiro livro pela nova Editora:

(...) numa conversa, em meados dos anos 50, com o Prof. Antonio Soares Amora, catedrático de Literatura Portuguesa da USP, de que eu era assistente, disse-lhe que vinha pensando em fazer um dicionário de literatura brasileira com alunas minhas do curso de especialização da PUC, onde eu ensinava essa disciplina. Passados alguns dias, disse-me ele que se havia encontrado com o Mário da Silva Brito, nessa altura trabalhando numa editora paulista, e que ele lhe havia dito que tinha a mesma idéia.

O mais sensato seria, pois, que juntássemos forças. Depois de acertar as coisas com o Mário da Silva Brito, o Prof. Amora informou-me que haviam marcado um encontro na Cultrix, então situada no Largo São Paulo. Lá fomos, ele e eu, ao encontro do Diaulas Riedel, cuja sala de trabalho se localizava na torre do belo edifício. De imediato travou-se uma conversa amável e cheia de simpatia. Adiantamos ao Diaulas a idéia que nos conduzia, e a sua concordância não se fez esperar. Como o Mário da Silva Brito demorava, dando a impressão de que algum imprevisto o teria impedido de estar presente à reunião, o Diaulas disse-me que passasse à sala ao lado, onde trabalhava o gerente editorial. E assim fiz: passei para a sala vizinha, onde estava o José Paulo Paes, com quem acertei as primeiras providências relacionadas com o projeto. Tornou-se meu amigo da vida inteira, e com ele acabou por se materializar a coordenação e direção do Pequeno Dicionário de Literatura Brasileira.

O grande Professor Massaud Moisés.

A informalidade com que ocorrem certos contatos nas Editoras de Diaulas mostra-nos que um clima de real parceria e amizade sempre esteve presente desde a fundação da Editora Cultrix, como vimos no relato acima.

O clima que havia entre autor e Editora é estendido aos seus funcionários e também ao leitor, que não é abandonado pelo direcionamento acadêmico e intelectual da nova Editora.

Diaulas começa a publicar pela Cultrix obras de "auto-ajuda" e, como de costume, a resposta do público as essas primeiras publicações é certeira. (Eram

A "Casa" Pensamento e a Troca de Móveis

[...] quando encomendei esses armários, imaginava que um deles seria da Sofia. Eu estava oferecendo a ela, [...] escolhi os que seriam trocados. Na hora em que [colocamos] o armário novo ao lado da Sofia e tentamos tirar o velho, eu pensei que ela vinha me agradecer, [mas] ela me xingou de tudo quanto é nome, se agarrou ao armário velho, começou a chorar, de joelhos [...] "Não tira o meu armário!". Foi uma coisa incrível. Ela era tão vinculada ao trabalho dela e ao material que usava, que tivemos de deixar o armário velho com a Sofia e distribuir os outros para quem quisesse.

— Cosmo Juvela

obras mais parecidas com a auto-ajuda moderna – como o livro de Dale Carnegie, *Como Fazer Amigos e Influenciar Pessoas*, de que já falamos – e diferentes daquelas que a Pensamento publicava, de cunho mais esotérico e espiritualista.)

No ano da fundação da Cultrix, Diaulas lança a obra máxima da Editora – hoje um clássico –, escrita pelo famoso pastor nova-iorquino Norman Vincent Peale e intitulada *O Poder do Pensamento Positivo*, com o subtítulo de *Guia Prático para a Solução dos seus Problemas Diários*. O livro torna-se um *best-seller* instantâneo (atualmente é um *long-seller*) e abre uma nova linha editorial de grande sucesso na empresa, que, após tão longo êxito, faz escola no meio editorial brasileiro, a ponto de existirem hoje no país pelo menos duas dezenas de editoras que se dedicam praticamente a essa linha de publicação; isso deixa claro que o pioneirismo e a visão de futuro das Editoras Pensamento e Cultrix sempre estiveram corretos, mesmo quando esse tipo de livro era ridicularizado na mídia e nos ambientes mais intelectuais.

Diaulas Riedel quebra, assim, mais um dogma do mercado editorial nacional que diz "que livros voltados para públicos tão diferentes – será? – não podem conviver dentro do mesmo catálogo, pois acabam se anulando mutuamente, além de fazer a empresa perder o crédito para com seus leitores".

Ora, livros ruins existem em todas as áreas, porém o compromisso da Editora é sempre publicar bons livros, obras de grande valor, sejam didáticas, técnicas, intelec-

O Poder do Pensamento Positivo para Livreiros

[...] o Diaulas tinha *O Poder do Pensamento Positivo*, de Norman Vincent Peale, que era o "chazinho" da Editora. Todo mundo gostava daquele livro, [era] aquele livro constante, que nunca pára de sair. E aí ele decidiu lançar *O Valor do Pensamento Positivo*, que era praticamente uma continuação do outro. Até foi uma jogada de marketing, porque, se outro [editor] comprasse aquele direito, seriam dois na praça. [...] ele ficou com os dois. [No lançamento do livro] lembro que eu estava na livraria Teixeira e foi a maior decepção da minha vida. [...] Nós estávamos esperando o público [...] para um coquetel e tínhamos em cima da mesa uma flor de livros, vários montes de livros, nas paredes e tal [...] todos eram *O Valor do Pensamento Positivo*. Aí entrou uma senhora e fez a seguinte pergunta para o balconista que estava ao meu lado: "Por favor, o senhor tem *O Poder do Pensamento Positivo*?". Ele olhou para ela e disse que estava esgotado; ela virou as costas e foi embora [...]

– Cosmo Juvela

tuais, eruditas, espiritualistas, esotéricas, religiosas ou não-religiosas. Nas palavras do próprio Peale, na introdução de O Poder do Pensamento Positivo:

O objetivo deste livro é direto e simples. Não há nele pretensão de oferecer lavores literários e tampouco demonstrar quaisquer conhecimentos desusados de minha parte. Foi escrito com o único fim de auxiliar o leitor a conseguir uma vida feliz, satisfeita e digna.

Desse modo, o próprio autor nos diz que esse gênero literário é voltado para quem realmente está interessado em sua mensagem, não em sua erudição ou estilo literário; claro que isso não quer dizer que o livro não seja bom. (Pois ele vem sendo reeditado desde então, nunca esteve fora de catálogo e é hoje um dos títulos mais bem-sucedidos de sua "família literária". Um *long-seller* que já alcançou a marca de 700 mil exemplares vendidos. Atualmente, considera-se que O Poder do Pensamento Positivo é uma das raízes que deram origem ao famoso documentário/livro O Segredo, de Rhonda Byrne, o que constata a permanência da filosofia prática de Peale na melhora da vida e do pensamento das pessoas.)

Na Cultrix, nesse mesmo ano de 1956, além de edições já citadas nas áreas de lingüística, filosofia e literatura, ocorrem os primeiros lançamentos de que se tem notícia, no Brasil, na área da parapsicologia. São eles: *Parapsicologia, Psiquiatria e Religião* e *Parapsicologia e o Inconsciente Coletivo*, ambos do Dr. Alberto Lyra; e *Novas Perspectivas em Parapsicologia*, de J.B. Rhine e R. Brier. Essas obras são absorvidas com grande interesse pelas primeiras classes de estudantes que ingressam no recém-criado curso de psicologia da PUC do Rio de Janeiro.

O reconhecimento da Cultrix se dá então de forma rápida, aliado ao crescente número de títulos da Pensamento. Em 1957 as empre-

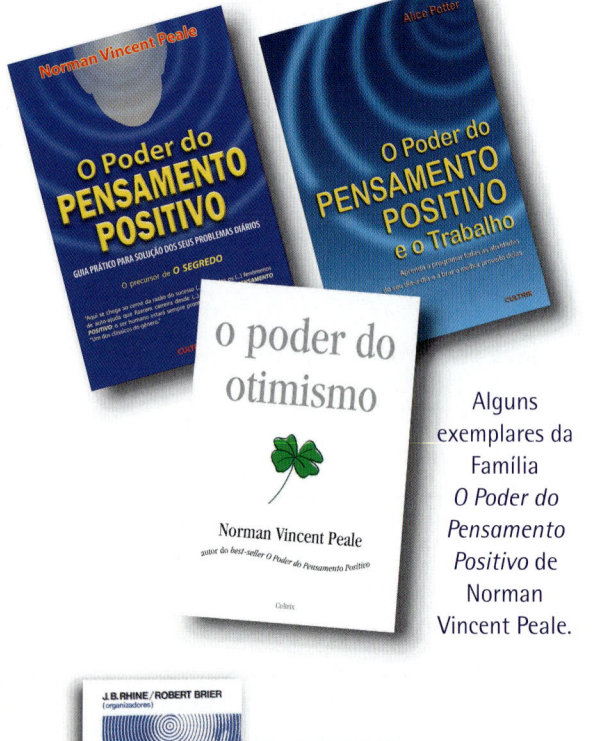

Norman Vincent Peale.

Alguns exemplares da Família *O Poder do Pensamento Positivo* de Norman Vincent Peale.

Primeiros livros de Parapsicologia editados no Brasil.

> ### Pioneirismo também em "Pensamento Positivo"
>
> [...] para quem quer mergulhar na questão do "pensamento positivo", eu diria que talvez tenha sido um dos pontos mais importantes na definição da própria identidade da Editora. Porque hoje, inclusive, continua se falando do pensamento positivo de muitas e muitas formas, também através da neurolingüística. De várias outras formas aquela idéia inicial do pensamento positivo associado ao subconsciente é uma coisa que a Editora foi pioneira em trazer para o livro.
>
> — Cosmo Juvela
>
> Raros exemplares de livros de auto-ajuda moderna na década de 1960.

sas somam 150 pessoas em seu quadro de funcionários e três milhões de exemplares produzidos – um número bastante significativo para a época, o que as deixa lado a lado com as grandes empresas editoriais, como a José Olympio, que ensaiava um ou outro título na área espiritualista ou oriental (voltado para a religião) ou da poesia, como a famosa "Coleção Rubáiyát".

* * *

PASSANDO TAMBÉM POR UMA GRANDE transformação, em 1957 a Editora O Pensamento completa seus 50 anos e, para comemorar, vários "clássicos" são relançados.

Esses livros vendem muito bem, graças agora a um novo meio de divulgação: a própria Cultrix. Quem nunca se interessara pelos títulos oferecidos pela Pensamento, assim que recebia a mala direta da Cultrix (acompanhada pelo catálogo da Pensamento), ficava conhecendo essa outra Editora que trabalhava com obras tão diferentes das publicadas pela novíssima e intelectual Cultrix. A Pensamento cria assim, via Cultrix, uma nova safra de leitores dos livros do seu antigo catálogo, que se junta à nova geração, herdeira dos antigos leitores da Editora, dos freqüentadores do Círculo e dos tradicionais assinantes da revista *O Pensamento*.

Placa dos 50 anos de comemoração da Editora Pensamento.

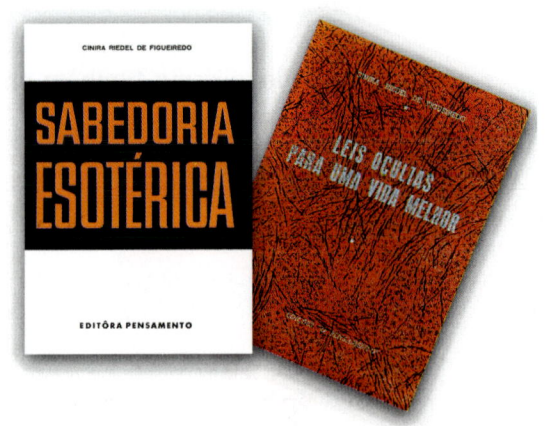

Livros clássicos sobre Cristianismo Esotérico à luz da Teosofia.

Os clássicos de Cinira Riedel.

Além dos relançamentos, a principal vertente editorial nesse período se dá através da consolidação de publicações nas áreas de teosofia, rosacrucianismo e "cristianismo esotérico" (as raízes do best-seller *O Código da Vinci*); espiritismo (*História do Espiritismo*, de Arthur Conan Doyle, é publicada nessa época); maçonaria e obras de iniciação aos conhecimentos esotéricos.

Leis Ocultas para uma Vida Melhor e *Sabedoria Esotérica*, ambos de Cinira Riedel de Figueiredo (irmã de Arthur Riedel, portanto tia de Diaulas), são um ótimo exemplo desse nicho que a Editora está explorando nesse momento.

* * *

APESAR DE TODA A POLÍTICA desenvolvimentista de JK e do otimismo nacional, nos anos 1950 o mercado livreiro ainda não é grande o suficiente para atingir todos os pontos de um país com um imenso território e um número ínfimo de livrarias. A saída então é ir até o cliente.

Mas para entender como isso aconteceu, vamos voltar uns 40 anos, acompanhando o início da venda "porta em porta" e do grande interesse por coleções de livros nesse período.

Em 1911 a empresa norte-americana W.M. Jackson, com sede em Nova York, havia se instalado no Brasil para vender livros na nova modalidade – de porta em porta, pelo sistema de crediário. Entre os anos de 1914 e 1921 a empresa produziu a primeira enciclopédia brasileira, a "*Enciclopédia e Dicionário Internacional, em 20 volumes, organizada e redigida com a colaboração de illustres homens das ciências e das letras, tanto brasileiros como portugueses*". Foi tirada uma segunda edição em 1936.

Em 1937 a editora norte-americana lançou uma coleção com as obras completas de Machado de Assis; e em 1939 surge a Editora Ler, com as obras completas de José de Alencar e do crítico Humberto de Campos.

As outras editoras que vão atuar nessa área passam a existir apenas nos anos 1950; a José Olympio e a própria Cultrix são exemplos.

José Olympio e a Atividade Crediarista

[...] José Olympio, que foi considerado um dos maiores editores, o orgulho dos editores, descobriu um dia que uma das formas de colocar os livros dele era através do crediário. Ele foi um grande chefe de vendas. Há muita gente da velha guarda que olha com desdém o vendedor de livro. Eu já tive até discussões dentro da Câmara [...] com um dos presidentes; eu disse: "Você tem de ouvir [...] alguém que tem mais tempo que você no ramo". O grande editor, [...] ícone de todos nós [...], José Olympio, que lançou grandes editores, [...] encontrou também no crediário uma forma de colocar os livros dele. A Editora Brasiliense, [...] a Editora Melhoramentos [...], a Editora das Américas [...] nós tivemos grandes empresas que desenvolveram essa atividade.

— Cosmo Juvela

Como o setor tinha crescido muito, a Cultrix põe em seu catálogo várias coleções, tais como "Vidas Ilustres", "Maravilhas do Conto", "Os Maiores Escritores de Todos os Tempos", "Pequena Enciclopédia da História do Mundo" e as obras escolhidas de "Machado de Assis", anotadas e prefaciadas pelo prof. Massaud Moisés (até então a primeira edição anotada e comentada de Machado, diferenciando-se, portanto, das "Obras Completas" da W.M. Jackson. Ela é um marco nas letras brasileiras.)

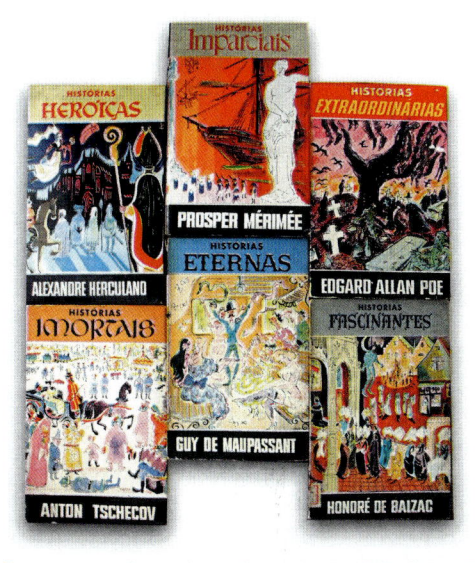

Raros exemplares da antiga coleção "Histórias...".

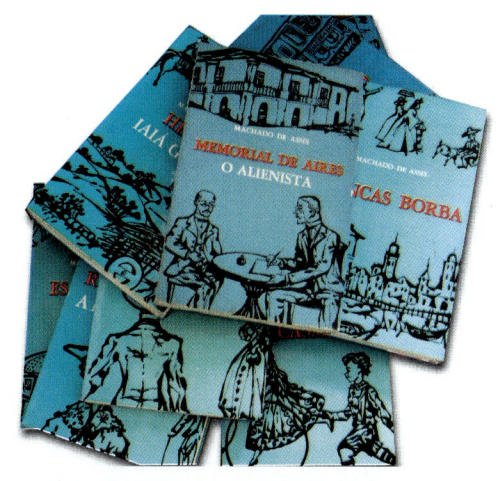

"Coleção Machado de Assis" (obras anotadas e selecionadas pelo Prof. Massaud Moisés).

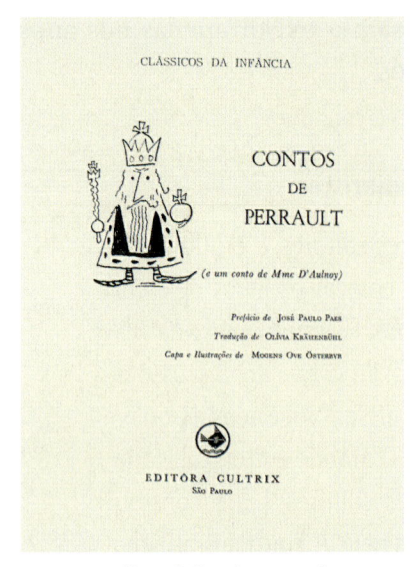

Uma folha de rosto da "Coleção Clássicos da Infância".

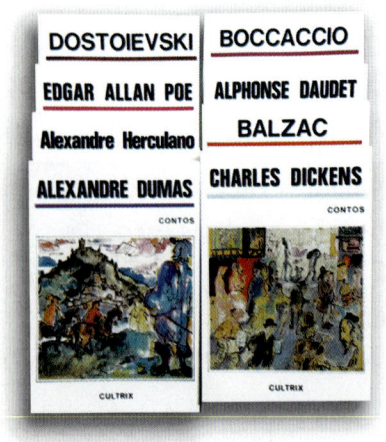

Coleções de grande sucesso da época.

Alguns exemplares da "Coleção Grandes Autores da Literatura Universal Cultrix".

Havia outras coleções, como "O Mundo da Novela" e "Os Grandes... da História", que era composto por vários volumes, entre eles: Os Discursos, Julgamentos, Crimes, etc., mas vamos nos ater aos títulos do parágrafo anterior.

Pois é para divulgar essas coleções literárias que Diaulas cria o jornal periódico *Notícias Literárias*. E, para vendê-las, em janeiro de 1963 funda a Cia. Brasileira Divulgadora de Livros, juntamente com Edgar Ortiz, um especialista em vendas por crediário e com loja na região do Largo do Arouche (que, naquele tempo, era uma zona de venda de livros por esse sistema).

Evento na Livraria Teixeira.

Noite de autógrafos (na frente, Diaulas Riedel).

> **O Mercado Livreiro e a Cultrix**
>
> [...] a linha da Cultrix, por exemplo [...] quando [Diaulas] lançou as grandes biografias, as coleções, todas eram obras diferenciadas e de conteúdo; então ele colaborou muito para o desenvolvimento do mercado de livros. [Mas] também pela sua maneira de conduzir o negócio: ele não via somente o cifrão, tinha prazer em editar coisas de primeira grandeza.
>
> — Oswaldo Siciliano

Como é grande o estoque de livros pertencentes a coleções, a atividade crediarista parece ser uma ótima solução para melhorar ainda mais as vendas. Uma parte é então retirada do estoque a fim de receber uma encadernação especial e depois ser vendida, através do novo sistema, pela recém-fundada companhia afiliada às Editoras Pensamento e Cultrix.

Contudo, logo depois de a empresa "creditista" (como se dizia na época) começar suas atividades, surgiu um problema que ia mostrar a Diaulas que seu destino "não era vender livros por metro", para usar as mesmas palavras ditas na época pelos detratores da venda a crédito.

Ocorreu que, com a inflação, as prestações foram perdendo seu valor real. Em uma venda em 15 prestações, por exemplo, já no vencimento da terceira ou da quarta parcela, o negócio se tornava inviável porque a perda era muito grande.

Provavelmente teria valido a pena se Diaulas trabalhasse apenas com "coleções com venda parcelada" para atender aos recantos longínquos onde não existissem livrarias, cinemas, teatros e outros meios de entretenimento e cultura. Pois se essa modalidade de venda não fosse rentável, como explicar a existência de um período na história do país em que esse comércio contou com 30 mil vendedores?

Mas não era esse o caso das Editoras de Diaulas, e seu empreendimento acabou não dando certo.

No decorrer da curta existência da Cia. Brasileira de Distribuição de Livros (só até junho de 1970), Diaulas percebe bem qual é seu papel como editor e que seus negócios estão realmente voltados para um tipo específico de leitor: o que toma contato com o catálogo de suas Editoras através do *Almanaque*, da revista do Círculo, da mala direta e das livrarias.

E desse modo Diaulas encerra suas atividades no ramo do crediário e volta sua atenção para um dos bem-sucedidos sistemas tradicionais de divulgação dos livros das Editoras – o periódico.

* * *

ASSIM DIZIA O EDITORIAL da primeira edição do despretensioso, porém bem elaborado, jornal *Notícias Literárias*, de novembro de 1958:

"(...) a Editora Cultrix entrega aos seus amigos e leitores, o primeiro número de "Notícias Literárias", um jornal (...) que publicará reportagens atuais; sempre ligadas ao movimento cultural do mundo, contos e, principalmente, o noticiário literário de suas edições."

Com esse tipo de conteúdo e lançado bimestralmente, o foco do periódico de Diaulas foi certeiro, pois as coleções da Editora (tanto literárias, como técnicas, didáticas e universitárias) que já tinham grande aceitação no mercado, tornam-se também muito conhecidas em todas aquelas partes do país que mantinham pelo menos um pequeno espaço para as atividades culturais.

Se não fosse a iniciativa da Editora Cultrix, quem não tinha lido os "Clássicos Cultrix", o "Roteiro das Grandes Literaturas" ou os dicionários de mitologia grega, latina e americana – publicados em parceria com o Instituto Nacional do Livro e com o Ministério da Educação e Cultura (MEC) – teria ainda de esperar por quase uma década até que surgissem, entre 1965 e 1966, as Editoras Perspectiva e Paz & Terra com suas obras de alto valor cultural e acadêmico. Com a ressalva, claro, de alguns ótimos títulos que foram publicados no fim dos anos 1950 pelas Editoras Brasiliense, José Olympio e Civilização Brasileira, esta já a cargo de Ênio Silveira.

O periódico *Notícias Literárias*, que durou até meados da década de 1970, sempre trouxe matérias interessantes sobre vários assuntos: reportagem sobre a Amazônia; cronistas falando a respeito dos teatros de São Paulo no século XIX; contos de

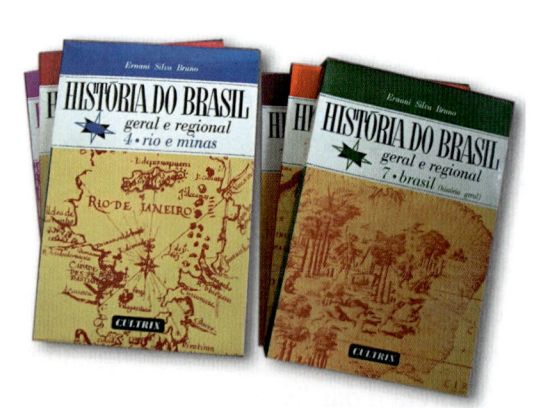

A coleção de inédita abordagem da História do Brasil de Ernâni Silva Bruno.

Diaulas Riedel e Ernâni Silva Bruno.

autores da casa, como Nair Lacerda; entrevistas com personalidades tais como Luís Martins, Carybé, Massaud Moisés, o ilustrador Mogens Ove Österbye (o famoso Moby) e o historiador Ernâni Silva Bruno.

Ernâni foi o autor da coleção "História do Brasil, Geral e Regional", a única no gênero. Também coordenou outra coleção que surgiu de uma conversa com Diaulas, na qual Ernâni propôs a criação de uma série de livros com o intuito de mostrar o Brasil para os brasileiros, sob o título de "Histórias e Paisagens do Brasil", que teve grandes tiragens e foi um sucesso popular na ocasião.

Em meados dos anos 1980 o periódico ressurgiu com o nome de *Notícias Editoriais*, mas logo desapareceu, para ressurgir pela segunda vez em julho de 1995, apenas como um impresso que mostrava os novos lançamentos da Editora. Extinguiu-se em definitivo na virada do milênio.

Luiz Martins, em foto da época do lançamento de *Noturno do Sumaré*.

* * *

EM 1958, HÁ APENAS 15 ANOS na administração de suas empresas, Diaulas já tinha feito muito pelas suas Editoras, mas principalmente pela consolidação do livro no Brasil. Tanto é que, em 1957, torna-se presidente da Câmara Brasileira do Livro (CBL), permanecendo no cargo até 1959.

Datam desse período dois fatos que chamam a atenção: a criação, pela CBL, do Prêmio Jabuti (com o intuito de incentivar autores e projetos editoriais) e a criação, pela Cultrix, da coleção "Mestres do Desenho".

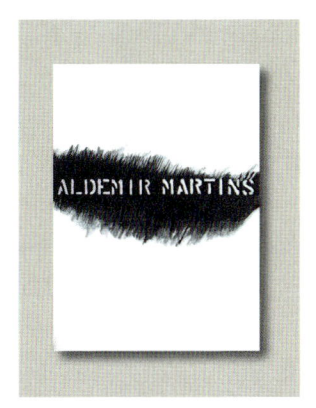

Premiado álbum do grande artista plástico Aldemir Martins.

Uma das imagens mais famosas de Aldemir Martins.

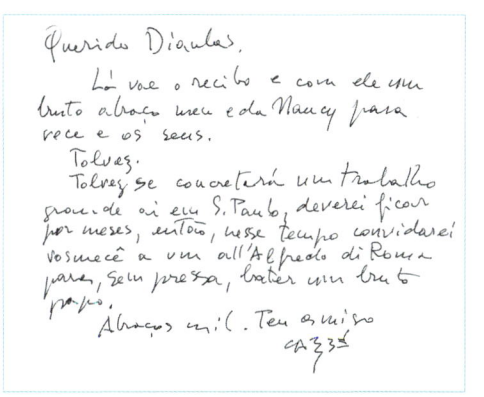

Carta de Carybé.

Os famosos álbuns de artistas Cultrix.

Lygia Fagundes Telles em noite de autógrafos.

Aldemir Martins.

O prêmio Jabuti tem a participação ativa de Diaulas, que reúne um "time" de artistas para criar a base artística do que viria a ser a cobiçada e "letrada" estatueta da simpática mascote do mundo do livro nacional.

Diaulas, que conhece muitos artistas, tem a idéia de fazer edições limitadas (entre 200 e 400 exemplares) de suas obras, criando assim uma coleção que, segundo certas fontes, seria destinada ao comércio de brindes de Natal devido ao seu alto preço.

A coleção chama-se "Mestres do Desenho" e consegue incluir em seu rol artistas de peso, como Tarsila do Amaral, Di Cavalcanti, Takaoka, Carybé, Djanira, Aldemir Martins – o artista que inaugurou a coleção –, entre outros.

(Isso ocorreu no início da década de 1960, mas deixou saudades, pois até hoje os volumes da coleção são disputados em livrarias-sebo e antiquários. Em 1970, na I Bienal Internacional do Livro, a Editora

Cultrix ganharia a medalha de ouro em padrão de excelência gráfica e editorial pela publicação do luxuoso álbum de Aldemir Martins que abriu a coleção. Vale notar que Aldemir Martins concebeu o logotipo da Editora Cultrix.)

Outras coleções também são lançadas pela Cultrix no princípio da década de 1960, como a "Letras Brasileiras" (um grande sucesso na época), que dá espaço aos autores nacionais, como José Paulo Paes, Luís Martins e Cassiano Ricardo, mas também edita autores clássicos como Euclides da Cunha, José de Alencar e Menotti Del Picchia. A Editora inicia outros empreendimentos

Carta de Carlos Drummond de Andrade.

Fac-símile da poesia de Drummond dedicada ao amigo Diaulas Riedel.

modernos, como o lançamento de uma série de pequenos volumes, cujos títulos eram *As idéias de...* e têm como subtítulo "Mestres da Modernidade", que conta com edições de intelectuais de renome como William Reich, Sigmund Freud, Herbert Marcuse e Claude Lévi-Strauss.

* * *

DEPOIS DE VIVER TANTAS AVENTURAS no mercado livreiro e de criar um nome mais que respeitado nos meios intelectuais e acadêmicos, Diaulas ganha enfim o Prêmio Jabuti de Melhor Editor do ano de 1961, quando sua nova Editora, a Cultrix, está em atividade há apenas cinco anos. Uma notável conquista!

Mas Diaulas não descansa, e em momento algum quebra a tradição, iniciada pelo fundador Antonio Olívio, de estar sempre à frente de seu tempo.

Ele está planejando uma revolução nas Editoras Pensamento e Cultrix no mesmo momento em que o país – com sua jovem e raquítica democracia – está prestes a entrar também em uma "revolução".

Prêmio Jabuti.

1964–1979

Futuro Fantástico – Vanguardas e Novas Perspectivas – Cibernéticos, Parapsicólogos e Ecologistas: A Editora Cultrix à Frente de seu Tempo – Reconhecimento e Consolidação

O FRÁGIL PERÍODO DEMOCRÁTICO das eras JK, Jânio e Jango, entre 1955 e 1964, tinha sido de suma importância para o desenvolvimento da cultura nacional, causando uma maior abertura do país à cultura mundial.

Mas o golpe de Estado, levado a cabo por militares, setores do Congresso Nacional e da população civil em 31 de março de 1964, é decisivo para uma reformulação geral da cultura no Brasil.

Chamado de "revolução" por seus artífices, esse golpe espera calar a população (que pedia as "reformas de base" à época do governo Goulart) e "dar um fim ao Perigo Vermelho", um fantasma que era chamado pelos militares de *espectro do comunismo.*

As reformas de base são então substituídas por um *slogan* mais de acordo com os interessados em construir um "Brasil Grande" – segurança e desenvolvimento. Mas, *segurança de quem?* E *desenvolvimento do quê?*

Ora, "segurança" devia significar para os militares que tudo se mantinha como estava em termos sociais, econômicos e políticos, e que um poder hegemônico podia continuar em pleno domínio.

E, francamente, "desenvolvimento" devia ter mais a ver com a dívida externa que salta de 3 bilhões de dólares, em 1960, para os impagáveis 101 bilhões, no fim do regime militar, em 1985; além, é claro, do grande "desenvolvimento" da inflação, que também, ao final do regime, atinge o absurdo número de 235% ao ano.

Quanto ao meio universitário, sua expansão continua em velocidade jamais vista no "país do futuro", e seu nível de organização ia sacudir os anos de 1970, "os anos de chumbo". A classe estudantil, juntamente com os artistas, os intelectuais e alguns setores da igreja, ainda fariam muito barulho e causariam drásticas mudanças durante esse complexo período da história do Brasil.

* * *

EMBORA SEM NENHUMA MILITÂNCIA POLÍTICA, a contribuição das Editoras Pensamento e Cultrix acompanha as vanguardas e culturas alternativas que surgem nessa época e, em muitos casos, está bem à frente delas.

É um período de grandes conquistas para as letras e para o mercado editorial brasileiro. Vamos citar apenas umas poucas: em 1964 sai a primeira edição de *A Paixão Segundo GH*, de Clarice Lispector, um marco na literatura nacional por seu estilo introspectivo-existencialista; o ano de 1965 é pontuado por outros marcos, como o início da publicação da revista *Civilização Brasileira* e a fundação de várias editoras (que vão fazer história na indústria cultural do país, como Nova Fronteira, Editora Ática e Editora Perspectiva).

Entre os anos de 1965 e 1975 o mundo dos livros recebe muitos "presentes", como o surgimento da Editora Paz & Terra (1966); a criação da Comissão Nacional do

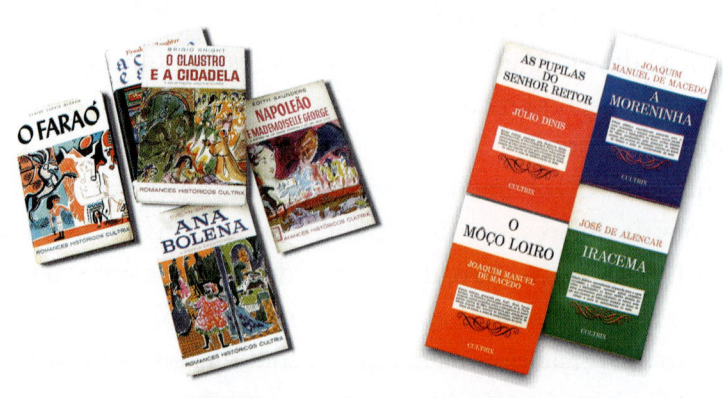

"Coleções Clássicas".

> **Diaulas Riedel**
>
> [...] o Diaulas e eu tivemos almoços freqüentes no *La Casserole*, no Largo do Arouche. Para pagar a conta do almoço nós apostávamos no "palitinho" [risos] e eu quase sempre perdia. [...] Não sei se ele me tapeava, mas quase sempre ele ganhava. Não sei se ele era médium [risos], não sei lhe falar, mas o nosso relacionamento [...] comercial se diferenciou dentre todos os editores. Era um relacionamento diferente, havia um tratamento entre nós, não sei se porque eu também sou uma pessoa dedicada à religião, mas havia uma facilidade de conversa, de pontos de vista não muito divergentes [...]
>
> — Oswaldo Siciliano

Livro Técnico e Didático (COLTED) em 1966; a fundação da Editora Imago (1967), que publica as obras completas de Sigmund Freud; a organização da I Bienal Internacional do Livro, pela CBL (1970); o lançamento, pela Editora Abril, da venda de livros por assinatura, com o Círculo do Livro; o início das atividades da Editora L&PM (1974) com o periódico em quadrinhos *Rango*; e também a fundação da Editora Rocco (1975).

Num panorama como esse, em que as mudanças no setor editorial são enormes, só mesmo "prevendo o futuro" para que a Pensamento e, principalmente, a Cultrix continuassem estáveis e se consolidassem, ao mesmo tempo. Então, não restava alternativa senão "prever o futuro", lançando obras de absoluta vanguarda para a época.

> **O Diaulas "Marqueteiro"**
>
> [...] o Diaulas, para mim, foi o maior marqueteiro que já vi até hoje. Ele era meio espalhafatoso, mas espalhafatoso no melhor sentido do termo. [...] Ele estava vendendo livro e, se você está vendendo livro, não importa se é espalhafatoso, é tudo pela causa [...]. O Diaulas, quando falava ao telefone [...] com o Jorge Amado, meio que gritava: "Oi, Jorge...". Todo mundo no escritório sabia que ele estava falando com o Jorge Amado. Ele tinha essa capacidade muito grande de autopromoção, que eu acho absolutamente válida, não estou falando a título de crítica, pelo amor de Deus! Mas é uma definição dele, e ele sabia da importância que tinha. Era aquele tipo de editor que se identificava com o projeto.
>
> — Cosmo Juvela

Logo após 1965, os catálogos das Editoras constituem-se da seguinte forma: a Pensamento mantém 428 títulos, em áreas tão variadas como mentalismo, sucesso, astrologia, artes divinatórias, maçonaria, cristianismo, sabedoria oriental, espiritismo, magnetismo, radiopatia (radiestesia), romances espiritualistas e teosofia; a Cultrix tem seus 180 títulos distribuídos nas áreas de livros didáticos e infanto-juvenis, manuais técnicos, psicologia, psicanálise, literatura universal e nacional, comunicação, teoria e história da literatura, dicionários, mitologia, lingüística e semiótica. Vários de seus títulos são lançados em parceria com o Instituto Nacional do Livro, o MEC e a EDUSP, e muitos tradutores e autores das obras mantêm vínculos com essas instituições, ou efetivamente trabalham nelas, como Massaud Moisés, Décio Pignatari, Segismundo Spina e Wilson Martins, entre outros.

* * *

MAS A CULTRIX QUER IR MAIS LONGE, e então começa a ensaiar seus primeiros flertes de sincretismo com a filosofia da Pensamento. Assim, a partir de 1967 passa a lançar obras do filósofo hindu Jiddu Krishnamurti, que para os desavisados não passava de mais um guru indiano. Longe disso. Krishnamurti pregava uma filosofia sem Deus, no sentido que conhecemos, e sem crenças; calcada fortemente na educação do pensamento, na prática da meditação silenciosa, em altas doses de questionamento interior e no permanente estado de alerta, com a mente em constante mutação, sem se apegar a nada. Em síntese, ele fazia valer as palavras de Cristo, "estar no mundo sem ser do mundo". Estar atentamente abnegado e com os pensamentos sempre no momento presente, valorizando bastante a educação das crianças em amplo sentido.

Krishnamurti é pouco conhecido pelos ocidentais, mas, ao lado de Sri Aurobindo, é considerado um dos filósofos mais lúcidos e pragmáticos – no melhor sentido da palavra – por estudiosos do pensamento orientalista.

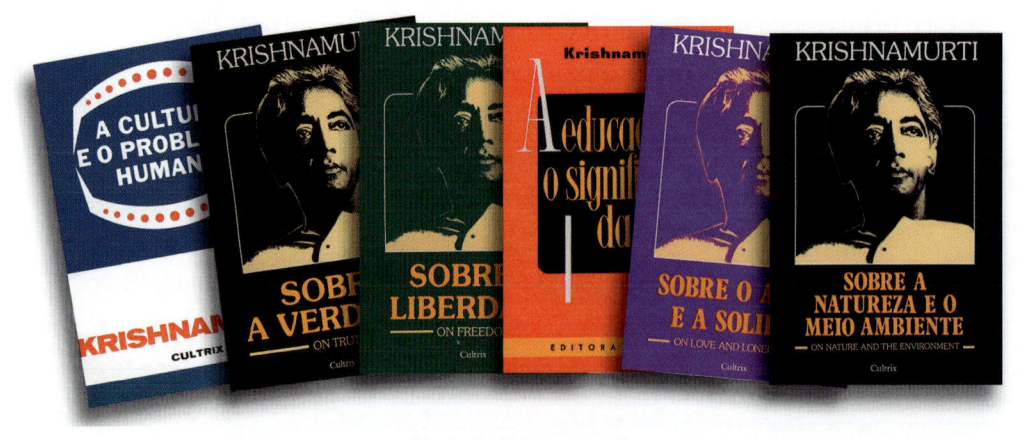

Obras de Krishnamurti.

Na segunda metade da década de 1970, a Cultrix já havia editado mais de 25 títulos de Krishnamurti, entre eles *A Educação e o Significado da Vida*, *O Mistério da Compreensão*, *A Primeira e a Última Liberdade*, *A Cultura e o Problema Humano* e *Liberte-se do Passado* (um *long-seller* até hoje em catálogo).

* * *

A PARTIR DE 1968 A CULTRIX se inicia nas áreas de administração, publicidade e ciências biológicas, e na emergente (e bastante nova na época) área da cibernética. Publica o livro (hoje um clássico) *Cibernética e Sociedade*, de Norbert Wiener, o pai da ciência cibernética. Um marco, pois pouco se falava nesse tema no país, a não ser nos meios especializados.

Krishnamurti

Outros lançamentos posteriores são *Organismos, Estruturas e Máquinas*, de Wolfgang Wieser, e *Deus, Golem e CIA.*, também de Norbert Wiener. Essa área acaba se tornando importante para a Editora, ao lado dos livros sobre teoria da comunicação.

Outra ciência de vanguarda que começa a ficar mais evidente no catálogo é a parapsicologia, que tivera suas primeiras publicações em 1956. Títulos curiosos como *Experiências Psíquicas além da Cortina de Ferro*, das pesquisadoras Sheila Ostrander e Lynn Schoroeder, e *Transcomunicação*, de Theo Locher e Meggy Harsch, são lançados em meados da década de 1970.

Publicações pioneiras sobre a ciência da cibernética.

Também nessa área aparecem os primeiros livros sobre transcomunicação instrumental, que tratavam da busca por vida espiritual através de instrumentos eletrônicos, como telefone, televisão, rádio, computadores, etc.

Já no campo da sociologia surgem séries interessantes, com vários livros sobre estruturalismo agrupados a outras áreas do conhecimento. Ou a já citada coleção "Mestres da Modernidade", em que cada pequeno volume vinha com o estratégico título de *As Idéias de...*, instigando o leitor a formar

"Coleção Estruturalismo Cultrix".

uma pequena biblioteca com textos básicos de sociólogos, psicólogos, antropólogos e filósofos. Com nomes que iam de Sartre a Reich, de Freud a Marcuse e de Gandhi a Marx, essa coleção chegou a contar com mais de 30 títulos em catálogo. Quando parou de ser publicada, no final dos anos 1970, deixou saudade naqueles leitores que procuravam textos introdutórios simples e bem-feitos sobre tais autores, e também deixou uma grande lacuna que até hoje não foi preenchida pela indústria do livro brasileiro.

Controversas obras sobre o fenômeno da transcomunicação instrumental.

* * *

A APROXIMAÇÃO ENTRE PENSAMENTO E CULTRIX acontece, não só através de Krishnamurti, mas também por meio de títulos como *Zen Budismo e Psicanálise* (que traz textos de D.T. Suzuki, Erich Fromm e R. De Martino) e de livros sobre o budismo em geral.

Obras sobre pedagogia não são raras entre os lançamentos da Cultrix nesse período, assim como livros sobre contabilidade e economia. Pode-se dizer que em seu amplo catálogo ela mantém publicações de quase todas as áreas das ciências humanas, biológicas e exatas.

E ainda mais, são feitas algumas tentativas em novas áreas, como o lançamento de uma série de romances policiais, na qual constavam *O Arqueiro Verde*, de Edgar Wallace, e *Um Morto na Platéia*, de Ellery Queen; também alguns autores de ficção científica, como Robert Silverberg e Brian Aldiss; e obras que apontavam para novas perspectivas na área de administração e negócios, tais como *Novos Rumos em Administração de Empresas*, de Auren Uri, e *Teoria dos Jogos*, de Morton D. Davis.

Quando quase ninguém falava na Teoria dos Jogos, relacionando-a à economia, a Cultrix já estava à frente de seu tempo, criando mais um marco nessa área com esse instigante livro de Morton D. Davis. Até hoje a Teoria dos Jogos é considerada vanguarda em várias áreas do conhecimento humano. A ponte ligando a Teoria dos Jogos (criada pelo matemático húngaro John Von Neumann) à Economia, de

Antigas obras da Editora Cultrix sobre pedagogia.

uma forma mais abrangente que a teoria inicial de Neumann, foi descoberta pelo matemático John Nash, laureado com o Prêmio Nobel, que tem sua história contada no filme *Uma Mente Brilhante*, o vencedor do Oscar de melhor filme em 2001.

Datam também dessa época algumas publicações na área de futurologia, com vários títulos lançados entre 1971 e 1978.

Como dissemos, esses lançamentos foram apenas tentativas em áreas diferentes: algumas simplesmente se extinguiram, como os romances policiais e as obras de ficção científica, e outras, como administração e sustentabilidade, só viriam a se desenvolver plenamente sob a direção de Ricardo Riedel, filho de Diaulas, no final da década de 1990.

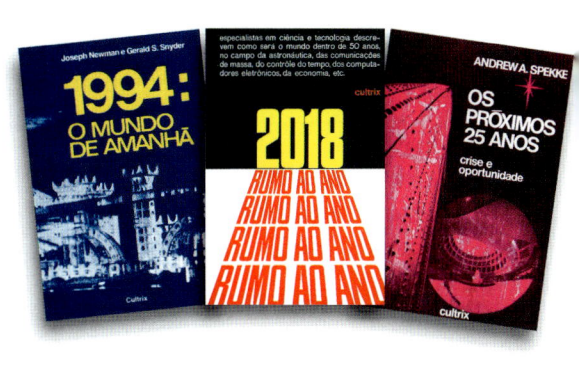

Livros sobre futurologia — A Editora Cultrix sempre à frente de seu tempo.

* * *

JÁ NO PANORAMA MUNDIAL E BRASILEIRO, muitos fatos ocorrem em paralelo a essas realizações das duas Editoras. Vemos que 1968 é um ano de históricas transformações políticas. Ocorrem revoltas estudantis em várias partes do mundo, como França, México e Estados Unidos, nas quais não só os estudantes, mas também outros setores da sociedade, protestam contra a Guerra do Vietnã.

No Brasil, a organização do movimento estudantil leva ao enfrentamento da ditadura militar por meio da luta armada; surgem daí as guerrilhas urbanas e os focos guerrilheiros no campo (o Araguaia, por exemplo), que geram um endurecimento ainda maior por parte dos militares. Isso culmina com a declaração do famigerado AI-5 – o Ato *Inconstitucional*, perdão, Institucional nº 5 –, que liqüida de vez a pouca liberdade política que ainda existia no país.

Mas, apesar de toda a repressão vivida nessa época, as transformações culturais são imensas.

O auge do Cinema Novo (aqui no Brasil), a *nouvelle vague* (na França) e o Realismo Italiano representam as novas estéticas cinematográficas.

No teatro, as peças *O Rei da Vela*, de José Celso Martinez Correa (baseada na peça homônima de Oswald de Andrade), e *Gota d'Água*, de Chico Buarque; e, nas letras, a poesia concreta de Décio Pignatari e dos irmãos Campos, entre outros, criam condições para novos mercados editoriais no Brasil, que absorvem com grande interesse essas novas formas de movimentações culturais.

Mas é da América do Norte que vem o histórico precursor de uma legítima "nova era" que se estava iniciando: o musical *Hair*, que tem na canção *Aquarius* o símbolo de uma nova atitude em relação à sociedade. Esse musical sintetiza o movimento *hippie* e o que se convencionou chamar de "contracultura".

Por meio deles cresce a onda orientalista que traz grandes influências ao país. Os *hippies*, a macrobiótica e o zen-budismo vão tomando conta dos grandes centros urbanos e também de comunidades afastadas, onde era relativamente comum, em algumas delas, a prática de experiências xamânico-psicodélicas.

É justamente por causa dessa nova atitude que o segmento de livros esotéricos começa a ganhar destaque na mídia e a entrar nas listas dos mais vendidos.

* * *

TÍTULOS CLÁSSICOS DA PENSAMENTO, sobretudo livros sobre hinduísmo, budismo e magia, passam a ter grande procura.

No entanto, vemos que, nesses anos 1970, o que impulsiona a Pensamento não é o *Almanaque*, o prestígio da Cultrix, a revista ou a mala direta, mas sim o lançamento – por outras editoras – de títulos em diversas áreas do esoterismo, que vêm dar, de modo indireto, uma maior visibilidade à tradicional editora espiritualista. São obras que até então ou seriam publicadas pela Pensamento, se estivessem de acordo com a sua "cara", ou nunca teriam seu lançamento no Brasil, caso dos livros sobre o fenômeno OVNI, por exemplo.

Aliados a essas novas manifestações culturais de que falamos, surgem nesse momento os grandes responsáveis pelo *boom* desse tipo de publicação: *Eram os Deuses Astronautas?*, a polêmica obra do "pesquisador" suíço Erich Von Däniken, lançada pela Melhoramentos em 1969; e *O Despertar dos Mágicos*, de Louis Pawels e Jacques Bergier, publicada pela Difel (essa obra se torna um *best-seller* absoluto e vai influenciar Paulo Coelho a escrever sobre o tema nos anos 1980).

Jacques Bergier foi o fundador da famosa revista francesa *Planète*, que serviu de base para a também famosa revista *Planeta* – um excelente meio de divulgação dos conhecimentos esotéricos e alternativos –, fundada por Ignácio de Loyola Brandão em 1972.

De meados até o fim da década de 1970, surgem outros fenômenos editoriais do gênero, como é o caso dos livros do antropólogo Carlos Castañeda sobre o bruxo-xamã *don* Juan e o uso de plantas psicodélicas, ou *plantas professoras*, como forma de expansão da consciência. *A Erva do Diabo*, somado a mais sete títulos, chegam à incrível marca de um milhão de exemplares vendidos.

Além dos exemplos acima, convém lembrar das várias coleções lançadas por editoras que não tinham qualquer tradição nessa área; entre outras, podemos citar: "Enigmas do Universo" (Melhoramentos), "Enigmas e Mistérios do Realismo Fantástico" (Hemus) e "Enigmas de Todos os Tempos" (Difel).

Coleções em forma de fascículos também se tornam populares, com temas como "Os Grandes Profetas" (Nova Cultural), "O Fenômeno OVNI" e "O Inexplicável" (Século Futuro), e "Homem, Mito & Magia" (Editora Três).

Com esse tipo de publicação, tornam-se populares no Brasil vários temas esotéricos e alternativos até então pouco divulgados. Mas quem quisesse se aprofundar em qualquer desses temas teria de recorrer ao catálogo da Pensamento ou, em menor grau, ao da Cultrix.

Obras de Eliseu Rigonatti de divulgação do espiritismo.

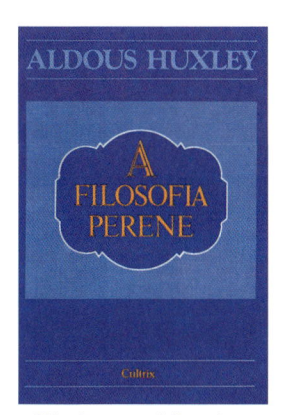

Clássico teosófico de Aldous Huxley.

Obras pioneiras sobre a aura humana (abordagem teosófica).

Algumas obras sobre Maçonaria.

* * *

A CULTRIX LANÇA GRANDES MARCOS editoriais nos anos 1970 e garante a consolidação de sua marca e prestígio junto a leitores, amigos e colaboradores.

Dentre eles destacam-se: *Curso de Lingüística Geral*, de Ferdinand de Saussure, pai da lingüística moderna, publicado pela primeira vez em português em 1970; e *História Concisa da Literatura Brasileira*, de Alfredo Bosi, cuja primeira edição sai nesse mesmo ano; com seu enfoque sucinto e erudito, essa obra oferece uma nova perspectiva histórica da literatura nacional.

Entre os anos 1973 e 1975 surgem os primeiros livros sobre ecologia, um termo que havia sido recém-criado – em *lato sensu*, Ecologia Profunda – pelo pesquisador norueguês Arne Naess em 1970. São publicados *A Humanização do Meio Ambiente*, do Smithsonian Institute, e *Conservar para Viver*, de Kay Curry Lindahl. A Editora torna-se pioneira nesse gênero de publicação. Na mesma época é lançado pela Biblioteca do Exército Editora o livro *Terra, Um Planeta Inabitável?*, de Hans Liebmann.

Também nesse período a Cultrix lança o clássico *A Lógica da Pesquisa Científica*, de Karl Popper, e pela Pensamento sai outro clássico e um marco na história do ocultismo, o livro *Síntese da Doutrina Secreta*, de Helena P. Blavatsky.

Obras de e sobre Saussure.

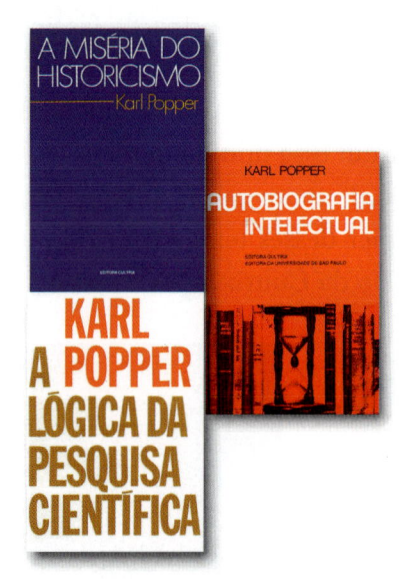

Obras de Karl Popper.

O fechamento da década se dá com chave de ouro. É completada a publicação, iniciada em 1976, dos sete volumes da monumental *História da Inteligência Brasileira*, de Wilson Martins, que se torna obra de referência instantânea entre os intelectuais e estudantes do país. Também é lançada a ótima coleção "A Literatura Brasileira", com obras de Massaud Moisés, José Alderaldo Castello, o já citado Wilson Martins, João Pacheco e A. Soares Amora.

O quadro de lançamentos das duas Editoras muda bastante, pois, ao contrário do início da década, a Cultrix detém agora o maior número de publicações: 436 títulos, contra 160 da Pensamento.

Esses números mostram bem o retrato de uma época. A abertura política – que se inicia com o general Geisel em 1974 e torna-se efetiva em 1979, pela política do ge-

Wilson Martins

Bem, A *História da Inteligência Brasileira* mostra o que é um homem realmente empenhadíssimo no que fazia, uma capacidade de trabalho e de absorção do que lia, muita organização no que lia; era admirável, e a história mostra bem isso. À medida que as obras se complicavam, realmente ele denotava uma capacidade de atenção [...] e o resultado está aí: um manancial de informações para quem quiser ter contato com a obra e com o que se fez ao longo do século dentro dessa matéria, portanto é uma obra admirável.

— Prof. Massaud Moisés

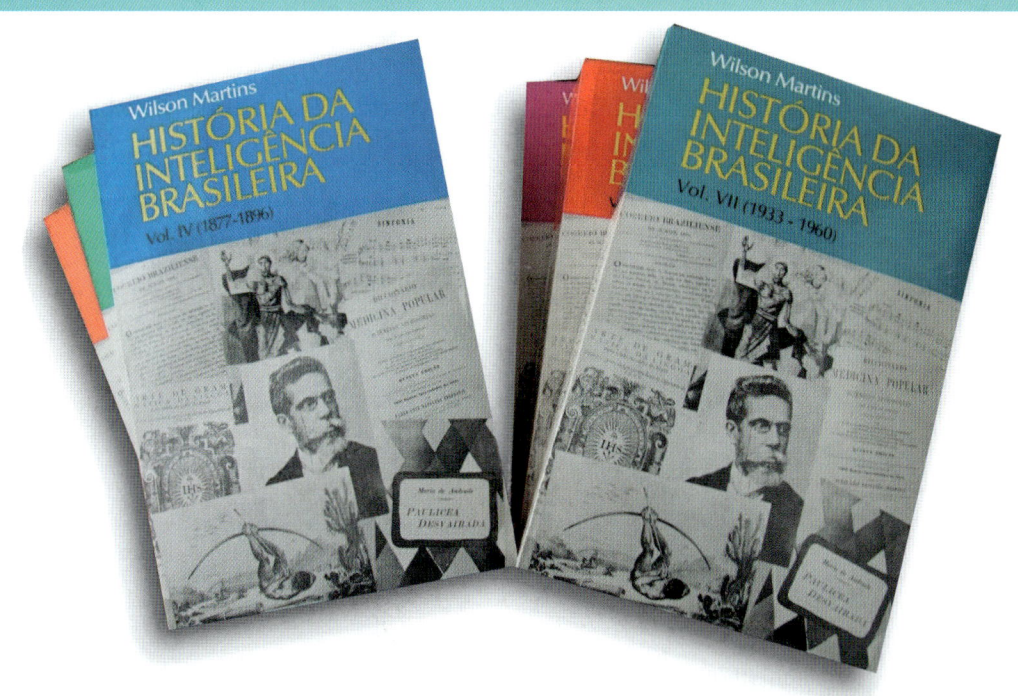

CEM ANOS DE HISTÓRIA | 113

A clássica (e revolucionária) obra de Wilson Martins.

Obras do Prof. Massaud Moisés.

Antiga e rara edição de *Juca Mulato* — "Clássicos Cultrix da Literatura Nacional".

Coleção Panorama.

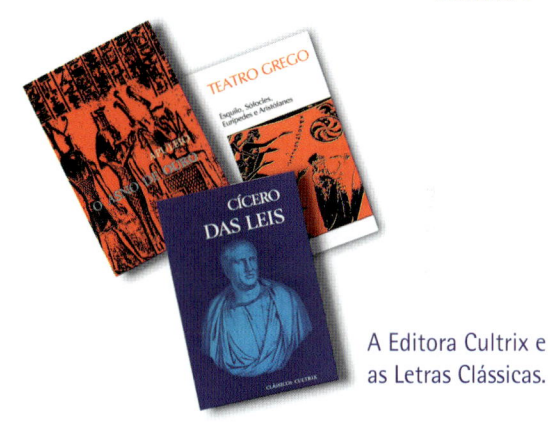

A Editora Cultrix e as Letras Clássicas.

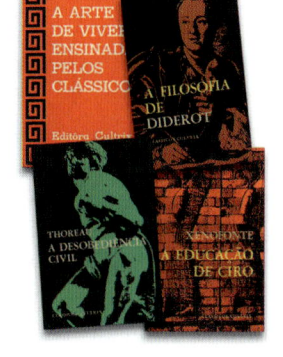

Alguns exemplares da famosa coleção "Clássicos Cultrix".

neral Figueiredo – traz consigo uma maior demanda de livros universitários, provando que a busca por novas idéias é imensa. Daí a inversão dos papéis das Editoras, que se complementam conforme as demandas do mercado.

Obras de filosofia da Editora Cultrix.

Manuais didáticos Cultrix.

Publicações na área de poesia, incluindo obra de José Paulo Paes.

Obras didáticas de latim de Paulo Rónai.

Diversas correntes de psicologia publicadas pela Editora Cultrix.

> ## O "Novo Círculo"
>
> Quando o terreno do "Prédio da Torre" foi desapropriado, tornou-se necessária a construção de uma nova sede. Mas o terreno foi desapropriado em parte, o que significava receber da prefeitura bem menos do que o prédio valia. Desse modo o Círculo Esotérico ficaria sem poder construir sua nova sede.
>
> Para que isso não acontecesse, Diaulas lutou muito a fim de que a arrecadação de recursos sobre a desapropriação do antigo prédio fosse a melhor possível. Valeu a pena.
>
> Após longas negociações, que se encerraram com uma quantia bem maior do que a proposta inicialmente, Diaulas comprou um terreno na Rua Odorico Mendes (na área central de São Paulo) com os recursos da desapropriação e mandou construir um grande prédio para abrigar a nova sede do Círculo Esotérico da Comunhão do Pensamento.
>
> Estava então cumprida mais uma etapa na história de Diaulas e da "escola" espiritualista fundada por Antonio Olívio Rodrigues.

* * *

VAMOS VOLTAR UM POUCO NO TEMPO. Em 1968 o "Prédio da Torre", no Largo São Paulo, é desapropriado para dar lugar às obras que fariam a ligação leste-oeste da capital paulista. Com isso a empresa de Diaulas passa por uma grande transformação em seu espaço físico, que se fragmenta em vários endereços a fim de abrigar a gráfica, os estoques, os escritórios, etc.

Assim, em 1970 o Círculo Esotérico passa a funcionar na Rua Odorico Mendes, nº 43, e se separa fisicamente da Pensamento, em definitivo.

As Editoras Pensamento e Cultrix mudam-se, com todos os seus escritórios, para o prédio que tinha sido ocupado pela empresa Listas Telefônicas Paulistas, na Rua Conselheiro Furtado, nº 520, e que abrigava também a redação do jornal *Notícias Literárias*.

A gráfica é instalada em um antigo armazém, especialmente reformado para recebê-la, no bairro do Brás, na Rua Domingos Paiva, nº 70.

E o estoque das Editoras se divide entre um depósito próximo a elas (na Rua Santa Madalena, no bairro da Liberdade) e a Catavento Distribuidora de Livros.

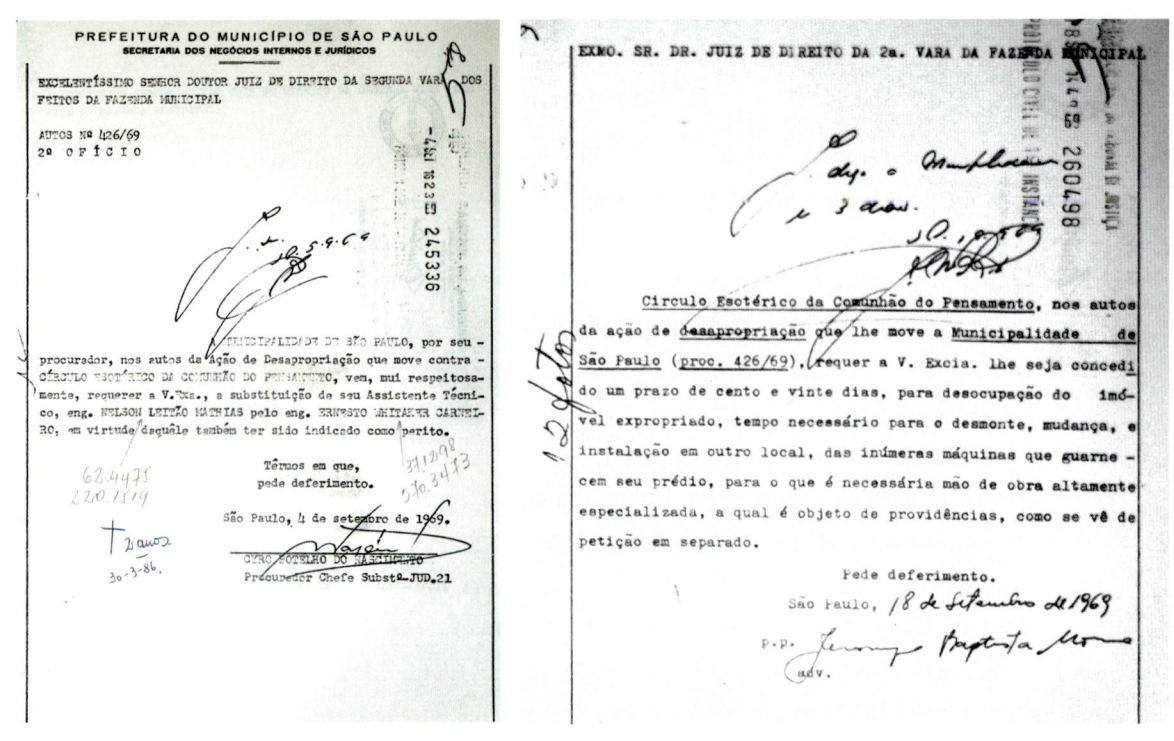

Documentos de desapropriação do Prédio da Torre.

Aqui vale uma explicação: até esse momento Diaulas acreditava que, para servir como ponto de referência no mercado, um editor teria de cuidar de *cada* passo do processo que envolvia um livro.

Mas, por causa da drástica mudança cometida indiretamente pelo prefeito Faria Lima e seu surto urbanístico, Diaulas percebe que produzir um livro – isto é, comprar direitos autorais, traduzir, revisar, diagramar, imprimir, distribuir, fazer propaganda e vender –, além de cuidar da produção dos periódicos, era muita coisa, até mesmo para um empreendedor nato como ele.

E é por isso que a Catavento acaba se tornando a representante nacional da empresa de Diaulas, ficando com 70% do volume total de distribuição.

Quanto ao "Prédio da Torre" – por tanto tempo um imponente marco arquitetônico –, é finalmente demolido em 1972, e são então iniciadas as obras que dariam lugar à ligação leste-oeste da cidade e à Avenida 23 de Maio. Desaparece assim mais um ponto histórico da São Paulo antiga. Também nesta época (1970), Diaulas adquire o restante da sociedade da Editora Pensamento que pertencia às suas cunhadas, tornando-se o único proprietário.

* * *

> **Sonhos, Recordações e a Pensamento**
>
> [...] agora, uma coisa que nunca consegui entender – e isso acho que não vou entender mesmo, teria que procurar um psicanalista – é que eu nunca deixei de sonhar com a Editora Pensamento. É algo até meio dramático, como se eu tivesse sido mandado embora, como se alguém não estivesse gostando do meu serviço. Mas eu nunca tive esse tipo de problema, foi um sucesso a minha atividade lá. [...] acho que o fato de eu sair de lá, essa desvinculação, embora não tenha sido traumática, o distanciamento me trouxe um tipo de [...] não sei se consigo honestamente definir o que é. Nunca mais esqueci a Editora Pensamento, [...] vejo ainda hoje uma linotipia lá embaixo, o seu Chico, que era o chefe da nossa gráfica. Então parece que estou vendo tudo isso hoje, se eu fechar os olhos [...]
>
> — Cosmo Juvela

APESAR DE TANTAS TRANSFORMAÇÕES já ocorridas na conturbada década de 1970, os seus momentos finais assistem a mais mudanças que vão afetar a vida de todos os brasileiros.

O AI-5 é finalmente revogado em 31 de dezembro de 1978, por força da Emenda Constitucional nº 11. O país passa a ter maior liberdade, inclusive o setor editorial e a imprensa como um todo, pois, com uma "censura mais amena", as publicações e também as outras manifestações culturais podem retomar seu curso normal de produção.

E no dia 27 de junho de 1979 é assinada pelo então presidente, o general João Baptista Figueiredo, a 48ª anistia da história do Brasil – *ampla, geral e irrestrita*. Desse modo, a ditadura militar dava seus últimos suspiros pelas mãos do quinto general presidente, que prometia "fazer deste país uma democracia".

Acompanhando as mudanças políticas do fim da década, surge uma *nova era* para o Brasil e para o mundo.

Mas também para as Editoras Pensamento e Cultrix, pois, insatisfeito com a fragmentação de sua empresa em vários endereços, Diaulas vinha procurando desde 1977 um novo local que acomodasse todas as suas instalações.

E nos meses de agosto e setembro de 1979 a empresa se muda para sua nova sede, na Rua Dr. Mário Vicente, nº 374, no bairro do Ipiranga (onde está até hoje).

Carybé, a Família Riedel e o Tapete do Santo

[...] até tem uma história do Carybé, que esteve lá em casa uma vez para jantar [...] com aquele jeito baiano de ser. Apesar de ser argentino, ele era baiano de coração. [...] Antes do jantar, de aperitivo, ele tomava cachaça [...], mas antes de beber pegou um pouco e jogou no tapete. Era para o santo. Ele jogava um pouco para o santo protetor dele e só depois é que tomava. Minha mãe quase morreu do coração, [risos] [ele tinha jogado em cima do tapete e] quase ela pegou um paninho para limpar. O tapete da minha mãe virou o tapete do santo [risos]. Isso foi muito engraçado. [...] Sempre havia umas histórias dessas que marcavam e eu me divertia [...]

— Ricardo Riedel

1980–1996

O "Profeta" e a Renovação da Ciência – Diaulas Riedel e a Nova Era: Promessas, Mudanças e Transformações

> "A Editora Pensamento é uma jóia a ser preservada
> na cultura espiritual do Brasil."
> – **Trigueirinho**

> "O alto desenvolvimento espiritual do Diaulas, como ser
> humano [...] um empresário com um desenvolvimento espiritual
> e humano elevadíssimo. É assim que eu posso classificar:
> um empresário do livro, um homem culto e com
> um sentido de humanidade diferenciado, universalista. [...]
> Esse foi o homem Diaulas."
> – **Oswaldo Siciliano**

OS ANOS 1980 – OU A "DÉCADA PERDIDA", como é considerada por muitos – foi um período riquíssimo em praticamente todos os campos do conhecimento humano, e só através de grossos volumes poderíamos contar em detalhes o que aconteceu no Brasil e no mundo nessa conturbada década.

Vamos novamente traçar um pequeno quadro que nos ajude a entender a época que estamos tratando: os seus problemas, dramas, choques, transformações e conquistas. Se, por alguma razão, omitirmos algum fato de suma importância... como diria o jornalista e apresentador da Rede Globo, Cid Moreira, "desculpem a nossa falha".

Entre os principais fatos dessa década podemos citar os dois mandatos consecutivos de Ronald Reagan como presidente dos Estados Unidos (1980-1984 e 1984-

A Nova Casa.

1988); o lançamento do computador pessoal, pela IBM (1981); a guerra das Malvinas e o início da guerra entre Irã e Iraque; a invasão do Líbano por Israel (1982); o assassinato de John Lennon (1982); a política da Glasnost (1985); o acidente nuclear de Chernobil (1986); a identificação do aquecimento global pelo chamado "efeito estufa" (1988); e a queda do Muro de Berlim (1989).

Enquanto isso, no Brasil acontece a reorganização do pluripartidarismo (PDS, PTB, PT, PMDB, PC do B); o papa João Paulo II faz sua primeira visita ao país (1980); morre a cantora Elis Regina (1982); surge a campanha política pelas Diretas Já (1984); os analfabetos passam a ter direito ao voto (1985); surge também os planos econômicos para conter a inflação galopante (1986-87 e 89); acontece a fundação da Central Única dos Trabalhadores (CUT) e do Movimento dos Sem-Terra (MST); ocorre o acidente com o material radioativo césio 137 em Goiânia (1987); e é promulgada uma nova constituição democrática (1988).

Com tantos acontecimentos, o fim dos anos 1970 já parecia bem distante. Mas, na realidade, não, pois muitos dos fatos citados têm raízes profundas nesses anos, como o chamado movimento da Nova Era, do qual iremos falar um pouco mais adiante.

* * *

Diaulas Riedel, o Conselheiro Espiritual

"Eu não quero que você vá contra determinada religião, mas não existe entidade que resolva o seu problema, a entidade pode lhe mostrar o caminho. Quem tem de resolver o problema é você. Portanto, você tem um karma. Veja se esse seu problema não se trata de um karma que você está queimando, ou seja, que você está pagando e tem de passar por isso. Não fuja da vida. O que você deve fazer, e muito, é pedir orientação, não ajuda, para saber como resolver esse problema. Alguém de fora, de repente, pode ver um caminho que você, de dentro, devido ao envolvimento, não esteja vendo."

— Diaulas Riedel, citado por Valdir P. Caldas

GRANDES MUDANÇAS OCORREM na Pensamento no início da nova década, mas é principalmente na Cultrix que as transformações são mais drásticas e acontecem de modo mais rápido. Com a saída de José Paulo Paes em 1980, a Cultrix começa a redimensionar o seu catálogo.

Diaulas, que já percebera um leve cansaço em certas áreas que sua editora universitária publicava, resolve aproximar as duas Editoras. O grande empreendedor tinha visto que muitas outras editoras que só trabalhavam com o mesmo tipo de livros da Cultrix iam muito bem no mercado (Perspectiva, Paz & Terra e outras), por isso ele resolve focar ainda mais em algumas áreas que a Cultrix editava, mas em paralelo com a filosofia da Pensamento. Volta também a comandar totalmente as duas Editoras, pois em seu quadro de funcionários não dispunha mais do grande poeta, tradutor e colaborador que foi o responsável pelo prestígio intelectual que a Cultrix desfrutava em todo o país.

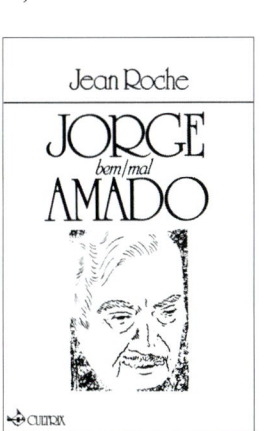

Therezinha B. Guilherme.

Em foto de Bienal — Jorge Amado (autografando o livro de seu amigo com seu *sui generis* título), Diaulas e Ricardo Riedel (ao fundo, Inês Sandoval, antiga funcionária da Editora e proprietária da Livraria Millenium).

Em um período de três anos, gradativamente, muitas obras passam a sair em definitivo do catálogo, como vários volumes da coleção "Mestres da Modernidade" e livros nas áreas de pedagogia, contabilidade, economia, lingüística, comunicação, cibernética e psicologia. No campo da psicologia o foco é redirecionado ao pensamento (no sentido filosófico) de Carl G. Jung, deixando de lado publicações relacionadas à Gestalt, psicodrama, psiquiatria e behaviorismo.

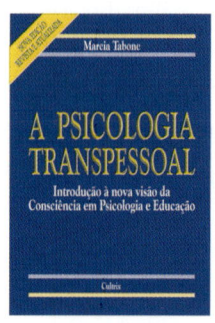

A Psicologia Transpessoal.

Obra pioneira que funde tarô e psicologia junguiana.

Clássica coleção sobre "Psicologia Junguiana, por analistas junguianos".

Antigos livros do guru Bhagwan Shree Rajneesh (o famoso Osho).

Assim, o espaço deixado por essas publicações no catálogo da Cultrix vai sendo preenchido, aos poucos, por livros de filosofia oriental e livros inspiracionais, relacionados à espiritualidade cristã e ao desenvolvimento da personalidade. São lançados *O Culto Japonês da Tranqüilidade*, de K.G. Von Durckheim; diversas obras de Norman Vincent Peale; manuais práticos de ioga, ligados à área de saúde; obras de Krishnamurti e do Bhagwan Shree Rajneesh (o famoso Osho); e livros de G.I. Gurdjieff e P.D. Ouspensky, que sistematizaram a filosofia conhecida como Quarto Caminho.

A Cultrix lança também uma coleção infanto-juvenil, a famosa "Coleção do Peixinho", que contém apenas autores nacionais: Marina Colassanti, Ruth Rocha, Ana Maria Machado, Wal-

Antiga coleção infanto-juvenil.

Primeira edição nacional (integral) de *A Doutrina Secreta*

A Obra de Paul Brunton

[...] Paul Brunton era um ser muito amplo, muito profundo. Ele não era um ser desta Terra, estava aqui encarnado para ajudar a humanidade mental, porque ele escrevia para pessoas mentais, não escrevia para pessoas emotivas, pessoas mais instintivas; eram livros para os mentais. Ele tinha como tarefa ajudar a humanidade a enfocar os assuntos filosóficos na mente, e os livros iam elevando os assuntos de forma que a mente do indivíduo pudesse ir seguindo, acompanhando. Então há certos livros dele que vocês publicaram, em que o indivíduo começa a ler num certo plano, sobre o Eu superior, sobre a alma, depois o plano vai subindo, o nível vai se erguendo, erguendo, até chegar aos planos superiores do indivíduo, e o indivíduo faz essa sede no livro. Esse era o trabalho dele, era ir elevando a pessoa até o nível que era possível, e ele usava para isso muitos conhecimentos de Yoga, usava para isso a Índia (ele foi discípulo do mestre Ramana Maharshi). Ele usava muito a Índia como pano de fundo, usava o Oriente de um modo geral. E aí, quando terminou de fazer esses livros, ele terminou o tempo dele e voltou para o seu mundo.

— Trigueirinho

cir Carrasco e outros. É também nessa época que a Pensamento publica a edição integral de *A Doutrina Secreta*, de Helena Blavastky, preenchendo uma lacuna histórica em termos de publicação na área das ciências esotéricas.

Além dos tradicionais livros sobre ocultismo, teosofia e maçonaria, um marco no catálogo da Pensamento são as publicações voltadas para a prática da astrologia, com enfoque técnico, ou seja, livros de astrologia para a formação de astrólogos. Também é dado um maior enfoque às obras do filósofo espiritualista Paul Brunton, que já figurava no catálogo da Editora desde a segunda metade dos anos 1970.

Diaulas passa seu cargo de Delegado Geral do Círculo Esotérico para Dirceu Pinheiro

* * *

MAS UMA NOVA FASE ESTÁ surgindo. A partir de 1984, começa a ocorrer uma grande transformação nas duas Editoras, que passam a abordar temas místicos do ponto de vista científico e temas científicos correlacionados ao pensamento místico ou espiritualista. Acompanhando esta linha de pensamento, é nessa época que Diaulas passa para Dirceu Pinheiro o cargo de Delegado Geral do C.E.C.P.

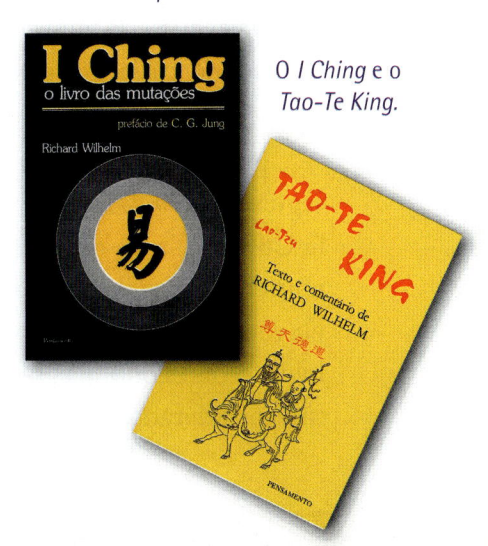

Uma obra que marca essa época é o caso do *I Ching*. Traduzida diretamente do chinês arcaico para o alemão

O *I Ching* e o *Tao-Te King*.

por Richard Wilhelm e prefaciada por Carl Jung; especialistas em orientalismo consideram que essa é a melhor edição ocidental do *I Ching* –, que a Pensamento lança com uma belíssima tradução de Alayde Mutzenbecher e Gustavo Correa Pinto (Gustavo assina também a Introdução à Edição Brasileira).

Mas é de 1985 a publicação do grande divisor de águas, o livro que viria a ser uma das pedras angulares do movimento Nova Era, *O Tao da Física*, de Fritjof Capra. Um livro que traça um paralelo entre a física moderna (relativística e quântica) e o misticismo oriental; ou como nos mostra este famoso trecho do prefácio do livro:

> *Eu estava sentado na praia, ao cair de uma tarde de verão, e observava o movimento das ondas, sentindo ao mesmo tempo o ritmo de minha própria respiração. Nesse momento, subitamente, apercebi-me intensamente do ambiente que me cercava: este se me afigurava como se participasse de uma gigantesca dança cósmica. Como físico, eu sabia que a areia, as rochas, a água e o ar a meu redor eram feitos de moléculas e átomos em vibração e que tais moléculas e átomos, por seu turno, consistiam em partículas que interagiam entre si através da criação e da destruição de outras partículas. Sabia, igualmente, que a atmosfera da Terra era permanentemente bombardeada por chuvas de "raios cósmicos", partículas de alta energia e que sofriam múltiplas colisões à medida que penetravam na atmosfera. Tudo isso me era familiar em razão de minha pesquisa em Física de alta energia; até aquele momento, porém, tudo isso me chegara apenas através de gráficos, diagramas e teorias matemáticas. Sentado na praia, senti que minhas experiências anteriores adquiriam vida. Assim, "vi" cascatas de energia cósmica, provenientes do espaço exterior, cascatas nas quais, em pulsações rítmicas, partículas eram criadas e destruídas. "Vi" os átomos dos elementos — bem como aqueles pertencentes a meu próprio corpo — participarem desta dança cósmica de energia. Senti o seu ritmo e "ouvi" o seu som. Nesse momento compreendi que se tratava da Dança de Shiva, o Deus dos dançarinos, adorado pelos hindus.*

Ampliando sua radical abordagem na obra seguinte, *O Ponto de Mutação*, lançada em 1986 pela Cultrix, Capra descreve nesse trabalho a base epistemológica da obra anterior e as rupturas que ela representa nos campos da medicina, da psicologia e da economia, sendo que essas rupturas são consideradas uma "mudança de paradigma".

Fritjof Capra e seu grande e clássico *best-seller*.

Sucesso de público e de crítica, esses livros tornam-se *best-sellers* imediatos, amplamente aceitos entre intelectuais, acadêmicos, curiosos e o público em geral. Um fator importante no sucesso de venda desses livros é o lançamento do filme *O Ponto de Mutação*, de Bernt Capra, em 1990.

Por essa época começam a surgir no Brasil espaços alternativos, como retiros e centros de estudo que davam cursos diversos ligados ao movimento da Nova Era, e lojinhas que vendiam desde bolas de cristal até objetos de decoração, como duendes, fadas e anjos, além de oferecer rápidas consultas astrológicas ou leituras de tarô.

Mas, ao publicar a obra de Capra, Diaulas aposta na profundidade, não no imediato. Para ele, "a área esotérica da Pensamento encontrou nos temas científicos da Cultrix a sua complementação ideal, por causa do nascimento de uma nova consciência, onde a aproximação entre conhecimento científico e a tradição das grandes correntes da filosofia e da religião não seriam apenas um modismo".

Essa teia de ligações passa a ser identificada como parte de uma *silenciosa revolução* que conecta desde religiões orientais, tradições indígenas (xamanismo), ritos e mitologias pré-cristãs, antigos conheci-

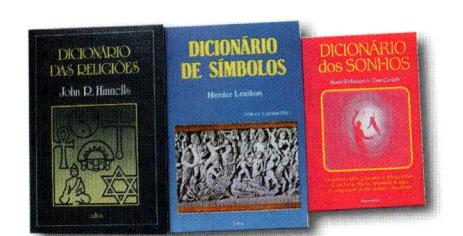

Dicionários esotéricos.

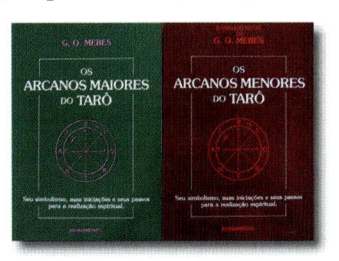

Importante obra sobre tarô e hermetismo.

Obra contemporânea (ilustrada) sobre Florais de Bach.

O Movimento da Nova Era e o "Fim" do Conhecimento Hermético

[...] a Nova Era como um movimento absolutamente necessário, como um movimento que foi de destampar coisas que estavam metaforicamente tampadas. A Nova Era também fez a transformação, a transmutação; ela metabolizou uma série de ingredientes que estavam mal digeridos ou mal comunicados. E tirou também aquele aspecto que eu acho que é um pouco antigo, do passado, de um esoterismo fechado, do sectário, das pessoas que precisam ser especiais, que precisam estar em locais especiais. Então eu acho que a Nova Era democratizou profundamente a necessidade humana de entrar em contato com o transcendente, ou seja, com a transformação que leva para o conhecimento daquilo que transcende o mero conhecimento concreto, o materialista, o mental, vamos dizer assim [...].

— Sônia Café

mentos esotéricos (como alquimia, cabala, astrologia, runas, etc.) e contribuições de alguns ramos das ciências (como a medicina oriental, a física quântica, a preservação do meio ambiente, a produção sustentável e orgânica de alimentos).

As mudanças contínuas e profundas dos comportamentos e das atitudes, em escala planetária, e a total redefinição de crenças e valores no mundo ocidental levam a jornalista e escritora Marilyn Ferguson a cunhar o termo "conspiração aquariana", que sintetiza perfeitamente o que acontecia nesse período, em seu homônimo e famoso *best-seller*.

* * *

O TERMO "NOVA ERA" JÁ ERA USADO desde meados da década de 1960 pela cosmologia astrológica (a partir da ciência astronômica, relacionada ao fenômeno da precessão dos equinócios), que afirmava que o planeta estava saindo da Era de Peixes e entrando na Era de Aquário, como no refrão da música *Aquarius*, do musical *Hair*, que diz "*This is the dawning of the age of Aquarius*" [esta é a aurora da era de Aquário].

Esse movimento também é impulsionado por antecedentes culturais, como o livro, o filme e o disco *Fernão Capelo Gaivota* (*Jonathan Livingston Seagull*). O livro, de autoria de Richard Bach, obra que já apontava nessa direção, tornou-se uma grande influência para o movimento da Nova Era. No Brasil o livro de Richard Bach, publicado pela Editora Nórdica, em 1970, atingiu a marca de 300 mil exemplares vendidos.

Por meio de uma terminologia *sui generis* e de um sincretismo absolutamente necessário entre ciência, filosofia e religião, a Nova Era não deixa de lado as ciências marginais, como parapsicologia e ufologia. Possui um estilo musical próprio que oscila entre a música oriental voltada para a meditação, o *soft jazz* e a música eletrônica de artistas como Kitaro e Vangelis. O gênero tem também seus próprios autores literários, que são lançados pela primeira vez no Brasil pela Pensamento; esses primeiros expoentes são Ken Carey, com *Transmissões da Estrela-semente*, e Sara Marriott, autora de vários livros, entre os quais *Ritmos da Vida* e *Uma Jornada Interior*.

Sara Marriott veio da comunidade espiritual escocesa de Findhorn e teve um papel fundamental em um centro espiritual do interior de São Paulo, em Nazaré Paulista: ela ficou com a responsabilidade de coordená-lo depois que Trigueirinho, o principal coordenador, saiu do centro para fundar uma nova comunidade no sul de Minas Gerais, a fazenda Figueira.

* * *

Primeiros livros publicados no Brasil de autores ligados ao movimento Nova Era.

A Nova Espiritualidade e a Busca da Síntese

[...] os nossos livros fazem uma síntese de tudo isso que é espiritualidade teosófica, espiritualidade antroposófica, metafísica [...]. Faz uma ligação disso tudo, como síntese, com a nova dispensação, que seria o contato do homem da superfície da Terra com as humanidades e com as civilizações dos outros planos de consciência. Tanto na própria Terra quanto em outros planetas e outros mundos. Então a obra faz essa transição, faz a síntese da espiritualidade, nossa, para uma espiritualidade que abrange humanidades e instrutores — instrutores no sentido de mestres — em outros níveis de consciência. Na própria Terra existem não só essa humanidade na superfície, mas também humanidades em planos internos da consciência, que não é física, e os livros descrevem toda essa situação.

— Trigueirinho

JOSÉ TRIGUEIRINHO NETTO, autor e filósofo espiritualista, veio a se tornar um dos maiores fenômenos literários da época. Com uma série de 75 livros, ele atualizou todo o conhecimento espiritual anterior, proporcionando uma melhor compreensão da nova fase que se iniciava para raça humana e para o planeta Terra, como um todo, a partir de 8/8/1988.

Trigueirinho nasceu em São Paulo, mas residiu na Europa por vários anos, onde manteve contato com seres evoluídos no caminho espiritual, entre os quais Paul Brunton. Foi colaborador do famoso periódico literário *Revista Anhembi*, surgido no início dos anos 1950, além de tornar-se um dos precursores do Cinema Novo, pela direção do filme *Bahia de Todos os Santos*, de 1961, que exerceu grande influência em Glauber Rocha.

Diaulas já conhecia Trigueirinho antes de lançar suas obras. Eles mantinham uma constante troca de informações sobre diversos assuntos de cunho espiritual, sobre naves extraterrestres, realidades internas da vida, etc., como nos mostra o trecho desta entrevista que Trigueirinho nos concedeu especialmente para este livro:

Um dia fui visitar Diaulas Riedel na Editora Pensamento (porque conversávamos muito sobre alma, sobre reencarnação, conversávamos muito sobre isso). Ele gostava também de conversar sobre naves extraterrestres, e um dia me disse: "Olha, se você não quiser escrever nenhum livro sobre essas coisas de que você fala, eu mesmo vou fazer isso, e depois vamos publicar".

Trigueirinho.

> [...] mas então respondi ao Diaulas: "Pode deixar que escrevo o livro, você não precisa fazer isso". E um dia, muitos anos depois, 1987, levei um livro pronto para ele, sobre os sonhos. Diaulas gostou muito, fez pessoalmente a capa e, a partir daí, continuei a escrever. Escrevia os livros, entregava-os a ele, que os lia nos fins de semana, em casa. Publicava-os todos em seguida.

Trigueirinho também nos fala, de modo peculiar, daquilo que se convencionou chamar de Nova Era:

> *Na verdade, certos termos são apenas estímulos para as pessoas se coligarem com seus níveis internos e, conseqüentemente, irem tomando consciência da nova vida para a qual vêm sendo preparadas. Será uma vida em que se terá conhecimento mais pleno da existência da Hierarquia Espiritual, composta de seres que já não encarnam, e que estão num nível de consciência bem elevado. Eles são, para nós, os receptores e os transformadores de energias cósmicas. Adaptam essas elevadas energias às condições planetárias, de forma que toda a humanidade possa usufruir as dádivas do cosmos. Tentamos aproximar os leitores da realidade dessa Hierarquia Espiritual.*

Com a publicação da trilogia das civilizações intraterrenas: *Erks, Mundo Interno; Miz Tli Tlan, um Mundo que Desperta*; e *Aurora, Essência Cósmica Curadora*, Trigueirinho torna-se amplamente conhecido e também gera controvérsias, como sempre!

Alguns meios de comunicação atacam seu discurso sobre contatos com extraterrestres, mas como *a justiça é sempre poética*, isso faz com que os livros que tratam desse tema vendam ainda mais. Tamanha é a demanda dessas obras, na época (e até hoje), que a Pensamento passa a publicar edições de bolso em parceria com a Nova Cultural para serem comercializadas em bancas de jornal; e também edições com encadernações especiais para serem vendidas pelo sistema de assinaturas, através do Círculo do Livro.

Na mesma época, seu livro *Hora de Crescer Interiormente: o Mito de Hércules Hoje* também ganhou edições nesses dois formatos.

Toda a sua obra foi vertida para o espanhol e lançada pela "irmã espiritual" da Pensamento, a argentina Editora Kier. E, gradativamente, seus livros também estão sendo vertidos para os idiomas inglês, francês e alemão.

"Somente em português e espanhol foram vendidos mais de 2,5 milhões de exemplares dos livros de Trigueirinho. E a grande maioria dos seus temas estão

Alguns clássicos de Trigueirinho.

> **Nova Era, Aceleração e Acesso à Informação**
>
> As últimas décadas do século XX foram décadas de aceleração, ou seja, todo mundo que viveu com intensidade, principalmente, percebeu a intensidade com que a tecnologia, a evolução da era da informação foi mudando, transformando tudo em todos os campos da ação humana. Então o livro, nesse período, passou por uma transformação profunda, que não é diferente das transformações pelas quais passaram todas as atividades humanas, e assim, o que muda muito é a velocidade com que as coisas são feitas, o que muda muito é a maneira como as coisas estão interligadas, interconectadas no mundo de hoje, e o que muda muito também é o acesso, a possibilidade que as pessoas têm hoje de acessar a informação.
>
> — Sônia Café

hoje reunidos em palestras que somam mais de 1000 CDs gravados ao vivo, publicados pela Associação Irdin Editora (www.irdin.org.br)."

* * *

OUTRA FIGURA IMPORTANTE QUE desponta na Pensamento na segunda metade dos anos 1980 é a pesquisadora, consultora editorial e autora da casa Sônia Café.

Diaulas conheceu Sônia em uma das visitas que fez ao centro espiritual de Nazaré Paulista, que contava com a colaboração de Sara Marriott e Trigueirinho. Depois que saiu desse centro, Sônia inicia uma nova fase de sua vida como colaboradora da Pensamento, como ela mesma nos conta:

[Foi] antes de eu sair desse local e reiniciar um novo ciclo de vida, de aprendizagem, [que] a Editora Pensamento entrou na minha vida. No primeiro momento, em 1987, quando eu estive aqui com o Diaulas para uma conversa, e, mais oficialmente a partir de 1988, quando comecei efetivamente a fazer trabalhos, como examinar originais e a trabalhar diretamente com ele [...].

Sônia nos diz que sua primeira leitura como profissional para a Pensamento foi o livro *O Espectro da Consciência*, de Ken Wilber, uma obra que demorou certo tempo para ser publicada, pois, conforme nos relata nossa consultora, Diaulas tinha um método peculiar de analisar se determinada obra seria ou não lançada por ele:

[Com relação a alguns livros] ele dizia assim: "Esse aqui nós vamos esperar acender uma 'luzinha'". [...] ele tinha um cantinho onde colocava os livros; dizia que eles es-

tavam esperando acender uma luzinha. De repente, um belo dia, ele chegava, pegava o livro, punha na mesa e daí voltava àquele assunto. Voltava porque provavelmente alguma luzinha tinha acendido, alguma coisa tinha acontecido e ele estava chegando num ponto de resolução com relação àquilo [...].

Dentro do espectro da Nova Era, um assunto bastante comentado e publicado pela Pensamento é o dos livros sobre os atributos e as qualidades dos anjos. Várias obras são traduzidas e publicadas nesse período, gerando uma grande repercussão no meio espiritualista; mas os simpáticos mini-livros escritos por Sônia Café e ilustrados por Neide Innecco se tornam *best-sellers* absolutos, sendo inclusive traduzidos para o inglês, o alemão e o espanhol.

De forma simples, porém articulada, cremos que a própria autora possa dizer como isso aconteceu:

Eu posso dizer que [...] me transformar numa autora, vem [do fato de] estar destinado a mim aqui no meu trabalho. Tudo começou assim: eu trouxe para o Diaulas uma idéia que eu via circular nesse centro de vida espiritual que mencionei. Circulava muito a idéia dos anjos, e a gente estudava, fazia todo um trabalho em relação a isso. E eu trouxe para ele a idéia de fazer um livro, no qual as qualidades angélicas que circulavam no meio, [e] que já eram conhecidas, pudessem ganhar um outro formato, uma expressão na qual as pessoas pudessem ter algo a mais, além só da palavra, que pudesse estender um pouco a reflexão, inclusive em função do processo de meditação, da idéia de meditação, que circulava muito intensamente no lugar. [...] Ele gostou muito da idéia e, de imediato, passou a ver uma forma de viabilizar isso. Aí foi viabilizado e o livro aconteceu de uma forma completamente fluida. Assim, eu me surpreendi, me descobri sendo autora. No princípio eu achava que a gente fosse fazer uma coisa pequenininha, para circular no âmbito da própria comunidade, mas não foi assim. Eu fui surpreendida com o fato de que o livro foi traduzido para vários idiomas: alemão, inglês, espanhol. Até hoje ele se constitui num best-seller da Editora, acho que é um dos materiais que continuam vivos e atuantes [...] o Meditando com os Anjos e o Meditando com os Anjos II. O Li-

Sônia Café.

Livros de Sônia Café.

vro das Atitudes *também é um outro livro que consta como um dos que mais vendem na Editora, [...] as pessoas gostam, houve uma resposta muito positiva por parte das pessoas. E assim, a partir de* Meditando com os Anjos, *foram surgindo os outros, e me tornar uma autora foi uma coisa [...] que me surpreendeu, eu diria também com o apoio do Diaulas. E, depois desse primeiro, foram surgindo os outros. Além dos já citados, foi lançado o* Transformando Dragões, *formando assim uma trilogia.*

Depois desse belo relato de Sônia, vamos falar um pouco do *surto editorial* do fenômeno Nova Era pelas palavras de Valdir P. Caldas, funcionário da Pensamento há 26 anos, hoje no cargo de gerente administrativo:

[...] O que, na época, nós comentávamos é que parecia que estávamos dentro de um ovo, chocando [...] de repente esse ovo eclodiu e, lá de dentro, saiu tudo que as pessoas estavam esperando [...] aquela procura, aquela necessidade do saber, do conhecimento. [...] Foi quando começaram a surgir novas faculdades e universidades, novos cursos, alguns extracurriculares, como ioga, espiritismo, auto-ajuda [...].

* * *

UMA EXPLOSÃO DE VENDAS dos gêneros que, havia décadas, a Pensamento publicava se dá com a renovação do interesse em certos assuntos que antes não estavam vinculados a temas espiritualistas, como, por exemplo, as sagas arthurianas.

Em 1986 a Editora Imago publica a obra *As Brumas de Avalon*, de Marion Zimmer Bradley, em quatro volumes, renovando assim o interesse pelas lendas do rei Arthur e os cavaleiros da Távola Redonda. Esse livro influencia bastante o gosto do público brasileiro: impulsiona a divulgação no Brasil de uma religião neopaganista, fortemente influenciada pela tradição céltica, denominada *Wicca*; causa o lançamento de dezenas de títulos no país, por diversas editoras; faz surgir cursos que se espalham pelas principais capitais, e até uma universidade inteira relacionada ao tema e aos seus desdobramentos, como o estudo da história do povo celta; e impulsiona o estudo das propriedades curativas de pedras e plantas entre outras coisas.

O ano de 1987 é aquele em que Paulo Coelho chega ao topo das listas de mais vendidos, com a publicação de *O Diário de um Mago*, pela Editora Rocco. Transforma-se rapidamente em um fenômeno editorial, vendendo milhares

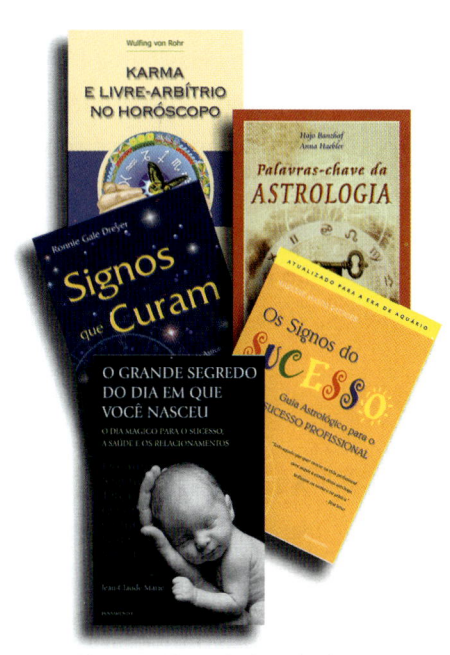

Algumas obras de Astrologia.

Livro sobre Lian Gong.

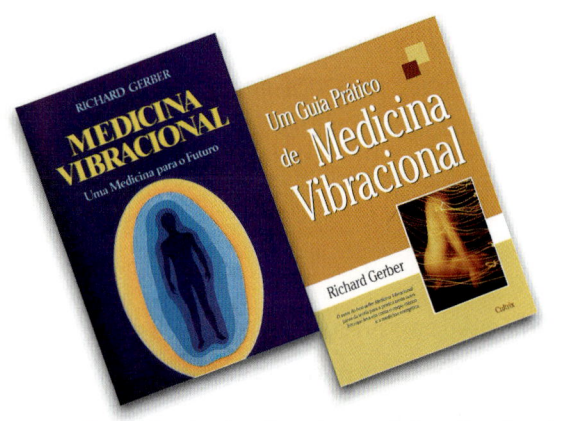

O clássico *best-seller* sobre medicina vibracional, acompanhado de seu guia prático.

de cópias e traduzido para vários idiomas. (Paulo Coelho entrou para o *Guiness Book* em 1994, como o autor que permaneceu mais tempo nas listas de mais vendidos em todos os tempos: 208 semanas, ou seja, quatro anos.)

Com a febre que toma conta do mercado editorial brasileiro, ocasionada pelos livros esotéricos e de auto-ajuda, até mesmo editoras sem qualquer tradição nessa área começam a lançar coleções inteiras sobre o tema; como o caso da Ediouro e sua "Coleção Realismo Fantástico", que coloca no mesmo caldeirão livros sobre OVNIs, maçonaria, cabala, civilizações perdidas e profecias de Nostradamus.

Para os desavisados e curiosos esses livros são interessantes, para a Pensamento são muito lucrativos, pois quem quisesse se aprofundar em tais temas, fatalmente teria de recorrer ao seu catálogo. Desse modo, esse tipo de coleção servia de propaganda e porta de entrada para as pessoas das novas gerações que gostariam de se aprofundar nas raízes do conhecimento ocultista.

Surgem também nessa época coleções históricas e clássicas sobre o gênero, como a "Biblioteca Planeta" e a coleção "As Ciências Ocultas", distribuídas em bancas de jornal.

Diante desse novo *boom* esotérico, a Pensamento volta a ampliar seu catálogo e, em 1988, já conta com 500 títulos, além de 38 lançamentos futuros. Do total das obras lançadas por Diaulas nesse período, 80% pertencem à Pensamento, ou seja, o inverso do que acontecia no início da década, quando o catálogo da Cultrix respondia por 70% do volume de publicações.

* * *

A CULTRIX, NESSA ÉPOCA, ALÉM DE MANTER cerca de 70% de seus lançamentos em suas linhas editoriais clássicas (como filosofia, lingüística, dicionários, propaganda, marketing, sociologia, política e outras), publica também uma coleção de "psicologia junguiana por analistas junguianos" e livros de outras linhas psicológicas, como a psicologia transpessoal (que visa trabalhar o indivíduo no nível da alma), que traria para o catálogo da Editora autores como Roberto Assagioli, Pierre Weil, Ken Wilber, Susan Thesenga e Eva Pierrakos.

No início dos anos 1990 a Cultrix lança, em ótima edição, a obra fundamental do pensamento de Pierre Theilhard de Chardin, *O Fenômeno Humano*, considerado um dos mais importantes livros do século XX. "Imprescindível para o fundamento de uma nova ecologia no início do século XXI", assim foi considerada essa obra por várias personalidades do mundo da ciência, da filosofia e da religião, como Ilya Prigogine e James Lovelock, criador da Hipótese Gaia. O livro contou com a belíssima tradução de José Luíz Archanjo, PhD, e a apresentação de D. Paulo Evaristo Arns.

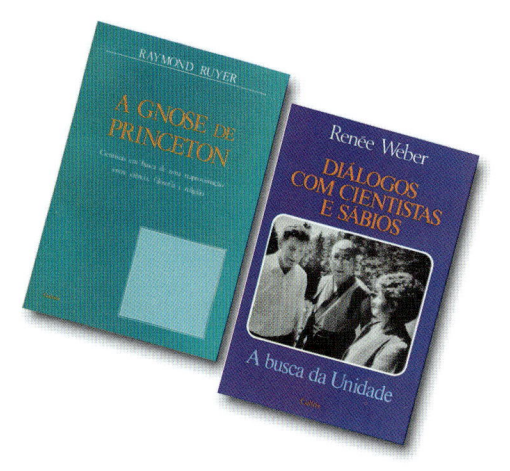

Obras pioneiras de filosofia da ciência, em diálogo com a religião.

Outras áreas são criadas com a transformação da Cultrix e da Pensamento, na primeira metade dos anos 1990. Amplia-se bastante sua fatia de livros sobre astrologia e tarô (somando mais de 70 títulos em catálogo) e também publica-se muitas obras sobre anjos, alquimia, relatos sobre viagens astrais e experiências de quase-morte, florais, cristais, etc.

A Cultrix se consolida com lançamentos nas áreas de medicina alternativa e complementar, artes marciais e administração, a "nova administração". E também sobre a "nova ciência", com o lançamento de instigantes títulos: *Diálogos entre Cientistas e Sábios*; *Espaço, Tempo e Além*; *O Fator Maia*; *A Gnose de Princeton*; e *O Universo é um Dragão Verde*.

* * *

DATA TAMBÉM DE MEADOS DOS ANOS 1990 a parceria com a Editora Abril, empresa que vendia livros por assinatura nos moldes dos antigos clubes do livro da década de 1950.

O Círculo do Livro – empresa da Abril que lançou sua própria editora comercial em 1986, a Best Seller – fez um levantamento entre as diversas editoras dos títulos mais interessantes, com maior apelo comercial e de maior alcance popular, e montou seu catálogo, que era alimentado mês a mês com novos títulos.

Com esse catálogo debaixo do braço, os representantes saíam atrás de leitores para lhes vender assinaturas do clube, não para lhes vender livros. A adesão dava o direito de o assinante pedir um certo número de livros por mês, o que podia ser bastante vantajoso. E se ele não pedisse nenhum livro durante três meses, sua assinatura seria cancelada.

Dentro desse sistema, vários títulos da Pensamento e da Cultrix fizeram grande sucesso e se tornaram *long-sellers* no catálogo do clube. São eles: *Introdução ao Yoga*, de

Annie Besant; *Diálogos com Cientistas e Sábios*, organizado por René Weber; *Runas*, de Michael Howard; *Iniciação*, de Elisabeth Haich; *Giordano Bruno e a Tradição Hermética*, de Frances Yates, entre outros.

O Padre, o Editor e o Livro Herético

[...] durante muito tempo, [...] a Editora foi vista de uma forma meio pejorativa por parte de algumas religiões, principalmente pela católica, e de repente essa visão começou a mudar. Havia um livro católico, mas um livro católico que contestava algumas coisas da religião católica e de um grande autor, que caiu nas mãos de uma editora católica que não podia publicar por ordem da Cúria Metropolitana. Você não vai publicar alguma coisa que, há quase dois mil anos, a Igreja Católica vem [contestando]. Esse padre pediu uma entrevista com o Sr. Diaulas, na época, porque ele queria ver o livro publicado e achava que a única editora séria capaz de lançá-lo era a Editora Pensamento. Mas ninguém podia saber que ele é que estava nos passando esse livro (por isso ocultarmos títulos e nomes). Esse padre disse: "Só tenho quinze minutos para resolver isso". E agendou uma visita para as nove e quarenta e cinco e, no máximo, às dez horas iria embora. No horário combinado o Sr. Diaulas já estava aguardando; o padre chegou e foi ter com ele para falar do livro. Nós nos retiramos e deixamos os dois conversando. Três horas depois do limite estabelecido por esse padre para ir embora, nós tivemos que gentilmente pedir ao padre que se retirasse, [...] ele ficou impressionado com os conhecimentos que o Sr. Diaulas passou para a Editora, como editor e como espiritualista, mostrando que não tinha nada para chocar a religião católica. Eles acabaram se tornando grandes amigos e a partir daí nós começamos — talvez até por influência desse padre, ele é muito forte no meio editorial também —, nós passamos a ser vistos com outros olhos pela religião católica.

— Valdir P. Caldas

* * *

MANTENDO SUA TRADIÇÃO DE BUSCA por constantes transformações, as Editoras Pensamento e Cultrix apostam, ainda na primeira metade dos anos 1990, na *fusão filosófica* entre elas. Daremos aqui dois exemplos importantes: os estranhos títulos logo abaixo e as obras relacionadas à administração, à nova ciência e ao desenvolvimento sustentável.

Observe os títulos: *Os Evangelhos Gnósticos, As Variedades da Experiência Religiosa, O Herói de Mil Faces, Emergência Espiritual, Medicina Vibracional, Novas Dimensões da Cura Espiritual* e *O Despertar da Terra*. Parecem títulos da Pensamento, não é? Mas, não. Todos eles são livros lançados pela Cultrix entre 1992 e 1993 e se relacionam às áreas de psicologia, história, medicina complementar, história das religiões, mitologia e à Nova Física.

Seus autores acabaram por se tornar celebridades, mas, quando foram lançados, não tiveram a devida visibilidade em razão da grande quantidade de títulos despejados no mercado por todo tipo de editora. Somente quando baixou a poeira da Nova Era, que Stanilav Grof, Joseph Campbell, David Bohm, Peter Russell e William James ganharam credibilidade e respeito no meio editorial e junto ao público.

O outro exemplo importante do sincretismo filosófico – que transforma e aproxima as duas Editoras – são as obras sobre administração, associadas à nova ciência e ao desenvolvimento sustentável, que surgem após a saída de José Paulo Paes em 1980 e o fim do movimento Nova Era.

Primeiros livros sobre administração sustentável.

O Empresário Criativo, de Roger Evans e Peter Russell, e *O Trabalho Criativo*, de Willis Harman e John Hormann, são os dois primeiros títulos desse nicho (que, nas mãos de Ricardo, filho de Diaulas, ia se tornar um importante ramo na *árvore filosófica* da Cultrix no final da década).

Prova disso é a parceria que no mesmo ano, 1993, se firma entre a Cultrix e a Amana-Key, empresa da área de consultoria empresarial. Elas passam a editar obras, como as citadas acima, que desenvolvem um *pensamento sustentável* na mente dos empresários, apontando assim para novos caminhos na área de administração. O primeiro fruto dessa parceria ocorre com a publicação de *Pertencendo ao Universo,* de Fritjof Capra e David Steindl-Rast.

* * *

Exemplares da simpática coleção "A Terapia do...".

A Era Sarney e a Dificuldade de Editar

[...] sim, vendia muito. E um detalhe: eu recebia duas toneladas de papel, [mas] se a gente fosse fazer mil exemplares de um livro que pesasse 600 gramas, de cara, já iam mais de 600 quilos. Então começamos a fazer tiragens reduzidíssimas, de trezentos, quinhentos livros, para manter um leque grande de títulos no catálogo. [Mas] a falta chegou a trinta, quarenta por cento de títulos esgotados no catálogo porque não tínhamos papel para publicar. Aí o que aconteceu: o custo foi lá em cima, porque você preparar uma máquina, que rodava dez, doze mil folhas por hora, para imprimir trezentas folhas! O tempo que se perdia para preparar uma máquina, quinze minutos, [daí] apertava um botão e desligava. [...] perdia mais quinze, vinte minutos, preparando para outro livro, [...] apertava e desligava [...]. Então os custos subiam muito. Foi uma época muito difícil.

— Valdir P. Caldas

* * *

A APROXIMAÇÃO ENTRE PENSAMENTO E CULTRIX começa a se concretizar e elas crescem cada vez mais. Os assuntos que lançam já são tratados como "normais" pela mídia; desse modo outros leitores passam a procurar por temas que antes estavam reservados apenas aos admiradores da "estranha" Editora O Pensamento.

E tais assuntos também começam a ganhar maior notoriedade e respeito a partir de 1995: no exterior, por causa da Internet, e, no Brasil, via Mandic (a Internet brasileira).

Assim, com renovações constantes e a sua consolidação no mercado livreiro, a empresa de Diaulas Riedel dava um grande passo para – talvez – passar por sua maior transformação desde que Antonio Olívio Rodrigues "fundou do nada" a maior editora espiritualista do Brasil, que estava na iminência de completar 90 anos de atividade em 1997. Novos caminhos estavam reservados para a Editora Pensamento-Cultrix.

Uma das últimas fotos de Diaulas Riedel.

1997–1999

Admirável Editor Novo! – Equilíbrio e Recompensa: Ricardo Riedel Entra em Cena – Entre a Tradição e a Renovação

Jorge Amado

Muitas vezes meu pai voltava para casa e comentava os encontros que ele tinha tido com o Chico Xavier, as conversas com o Erico Verissimo, com o Jorge Amado, que ele encontrava [...]. Uma vez, quando eu era jovem ainda, fui fazer um passeio de navio para o Nordeste e jovem, adolescente, [...] no meio da viagem o dinheiro acabou. Aí onde eu fui bater na porta? Jorge Amado! Bati na casa dele porque meu pai havia me orientado: "Vai lá, pega emprestado que depois eu acerto com ele". Não só peguei o dinheiro emprestado, aproveitei e também "filei" um almoço na casa do Jorge Amado [risos].

— Ricardo Riedel

"Prezado Sr. Ricardo, é com imensa satisfação que faço parte do quadro de funcionários e do sucesso desta conceituada empresa. Espero que possa gozar de vários e vários anos de alegria e muita saúde! Parabéns!"

– **Luiz Carlos Raimundo** (Funcionário da Editora Pensamento-Cultrix)

UMA GRANDE TRANSFORMAÇÃO ocorre na Editora em 10 de fevereiro de 1997; Diaulas Riedel falece em conseqüência de um infarto.

À frente das Editoras Pensamento e Cultrix por 54 anos, a imagem que ele deixa para o mundo, e em particular para o universo do livro brasileiro, é a do homem que lutou para transformar não apenas suas Editoras, mas o próprio mercado livrei-

É festa na Editora Pensamento...

ro. Ele deixou claro, com seus gestos únicos no ramo editorial, que o livro não é uma simples mercadoria.

Sem sua presença talvez muita coisa relacionada ao pensamento espiritualista e esotérico (tanto moderno como pós-moderno), além de uma gama imensa de gêneros literários abordados até o momento nunca tivesse ganhado uma publicação sequer.

Ele foi um dos maiores articulistas culturais que este país já teve em seus "poucos" 200 anos de imprensa. Conduziu uma empresa que, nesse momento, publicava há quase cem anos em sua área e que "criou" dúzias de outras editoras voltadas para o mesmo segmento – algumas corretas pupilas da admirada editora-mãe, outras simples imitadoras de sua filosofia.

Com a morte de Diaulas, inicia-se mais um capítulo da saga cultural da família Riedel.

Ricardo Riedel, o novo presidente.

* * *

A Aventura de Ser Editor no Brasil

A dificuldade de se lançar livros no Brasil é que não tem livraria, pouca gente lê [...] esse é um desafio enorme; 1,8 livro por ano é uma piada. É realmente uma briga muito grande porque você tem que lançar uma quantidade de livros enorme para estar sempre em dia com o que está acontecendo no mundo. Mas você não tem canais de distribuição à altura do que publica, não tem! São muito poucas livrarias e muito poucos os canais alternativos. Esse é um problema sério do Brasil, de não ter leitores [...].

Por uma parte, o poder aquisitivo baixo. Você não pode lançar livros numa tiragem muito grande porque não sabe se vai ter leitor para isso. [...] você [pode ficar] com um estoque enorme parado [...], tem um custo enorme de ficar com esse estoque. Por outro lado, você não sabe o que vem primeiro: o ovo ou a galinha. Se você lança um monte: ou [o estoque] fica parado ou você põe um preço menor. Ou um preço maior para as tiragens baixas que se tem, de dois mil, três mil livros por tiragem no Brasil. Então você tem que pôr um preço mais alto e rezar para que o mercado compre o seu produto, mesmo achando caro para o poder aquisitivo do brasileiro.

Teria mais leitores no Brasil se o livro fosse mais barato? Teria, mas como você vai chegar a isso? Com a ajuda do governo? Não que a gente vá buscar ajuda do governo; cada ramo de atividade tem que esquecer o governo e [...] fazer a sua parte. Mas o que ajudaria nesse sentido é ter bibliotecas no Brasil, já ajudaria muito; não digo ajuda como subsídio para o ramo. O que eu acho que precisa é de uma ajuda de fomento à leitura, com muitas bibliotecas [...] Na hora em que se tem bibliotecas e se põe as crianças para começarem a ler, não aqueles livros chatos que pedem na escola, mas livros que elas gostem de ler, elas vão se interessando, vão se aprofundando [...] livro é hábito, leitura é hábito, como os outros hábitos. O primeiro livro que lê você acha chatérrimo, depois vai gostando, vai à área que gosta mais e, no fim, está devorando os livros porque realmente é um hábito que se cria. Não é no primeiro livro que a pessoa vai adorar a leitura. É um hábito, e um hábito muito bom. Mas os entraves são estes: faltam bibliotecas, incentivo à leitura no Brasil, falta estatística para podermos direcionar melhor as coisas [...] . É difícil!

— Ricardo Riedel

DIAULAS TEVE QUATRO FILHOS: José Arthur, Luis Antonio, Diaulas Jr. e Ricardo. Ricardo, o caçula, foi certa vez indagado por seu pai se gostaria de assumir os negócios da família. Como respondeu que não era essa a sua intenção, Diaulas acabou morrendo sem saber qual seria o futuro das Editoras.

Nessa época Ricardo está com uma sólida carreira na indústria farmacêutica – como presidente da multinacional Searle do Brasil (ele fez Administração de Empresas, na Fundação Getúlio Vargas, e MBA, na Universidade Estadual de Michigan) –, portanto pouco contato teve com as empresas do pai, como ele mesmo nos diz:

> *[...] Eu participava de algum modo, porque meu pai levava alguns livros para casa para que eu desse uma avaliada, ver o que achava [...] Algumas vezes eu analisava esses livros para ele, e um dos livros (inclusive recomendei para ele publicar) que li naquela época e me lembro até hoje foi* A Estratégia do Golfinho, *de David Spangler. Um belo livro que ainda vende muito bem [...].*

Mas, mesmo assim, Ricardo aceita o desafio de manter as Editoras funcionando. De início não abandona seu cargo de alto executivo nem assume de vez o posto que havia sido de seu bisavô Antonio Olívio e de seu pai. Entre 1997 e 1998 faz dupla jornada de trabalho e vai tocando as Editoras com a ajuda de seu amigo José Vicente da Silva, também ex-alto-executivo de Multinacional Farmacêutica que, neste momento, trabalhava em sua empresa de consultoria recém-criada. Ricardo confiava muito nele, pois José Vicente havia sido seu gerente imediato na empresa farmacêutica Merck Sharp & Dohme. Não deve ter sido fácil, conforme seu relato abaixo:

> *Mas daí, com o falecimento do meu pai em 1997, eu ainda fiquei um ano e meio enrolando para ver se vinha para a Editora ou continuava no ramo farmacêutico [...] continuei nesse dilema [...] foi uma loucura aquele um ano e meio, [...] sorte que era aqui perto, no bairro do Cambuci. Eu saía do Cambuci às seis da tarde, vinha correndo para cá e ficava até quase onze horas da noite. Jornada dupla durante um ano e meio! Eu ficava esse tempo tentando administrar. Nos fins de semana eu levava os livros para casa para ler e escolher que livros achava que poderia publicar. Isso sempre nos finais de semana [...] era uma tarefa árdua [...] Eu mal tinha tempo de conversar com meus filhos, Gustavo, Felipe e Carolina. Mas vir para a Editora e pegar um ramo totalmente diferente, menor, com outros tipos de problema, foi de certo modo bom. Um novo começo, de alto executivo para me converter ao esoterismo, como foi publicado na Gazeta Mercantil!*

Assim, o alto executivo percebe que sua missão – ou melhor, seu karma – é assumir as empresas editoriais do pai, e opta de vez por elas em janeiro de 1999.

Nesses anos de dupla jornada de trabalho, em que lida com remédios para o *corpo* (na Searle do Brasil) e com remédios para a *alma* (à frente das Editoras), Ricardo já mostra que traz em si o espírito revolucionário de seu bisavô Antonio Olívio, de seu avô escritor, Arthur, e de seu pai. E dá provas disso pelas duas importantes publicações que lança ainda em 1997.

Coleção OSHO, acompanhada de sua simpática autobiografia.

Livros sobre culinária vegetariana.

Caroline Bergerot, em noite de autógrafos.

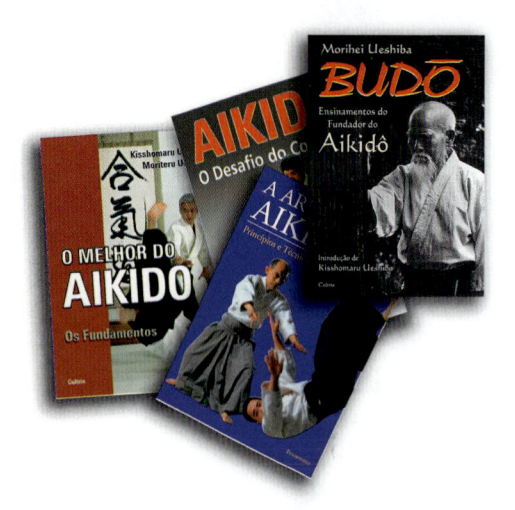

Publicações clássicas sobre Aikidô.

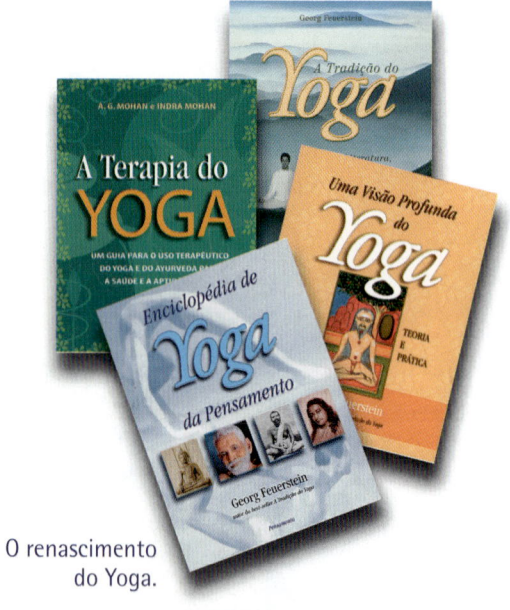

O renascimento do Yoga.

* * *

O PRIMEIRO TÍTULO QUE SAI PELA CULTRIX, como fruto do trabalho do novo editor, é o livro *O Código da Bíblia*, do jornalista Michael Drosnin, baseado nas pesquisas do matemático israelense Elyahu Rips. Unindo teologia esotérica, ciência da computação e códigos criptografados na Bíblia, essa obra gera grandes controvérsias e polêmicas na mídia, e torna-se um sucesso imediato de vendas.

Michael Drosnin no lançamento de
O Código da Bíblia, ladeado por José Vicente da Silva,
Suzana Riedel Dereti e Célia Regina Romero.

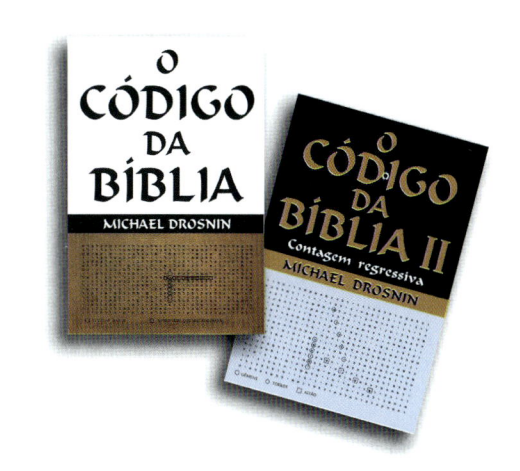

O primeiro livro publicado pelo novo editor,
junto a sua Parte II.

O outro é o mais novo livro de Fritjof Capra – o pioneiro em alfabetização ecológica –, intitulado *A Teia da Vida: Uma Nova Compreensão Científica dos Sistemas Vivos*. Nesse livro Capra aborda a temática da *ecologia rasa* (segundo a qual o homem é o ser destacado e superior na Natureza) e a da chamada *ecologia profunda* (que é holocêntrica e onde o homem é parte do todo, não podendo ferir o todo sem ferir a si mesmo).

Seguindo essa linha de pensamento, Ricardo sai na frente e lança em 1998 o livro *Simplicidade Voluntária: em busca de um estilo de vida exteriormente simples, mas interiormente rico*, de Duane Elgin (o principal nome nessa área atualmente), que visa pôr em prática algumas das idéias presentes no livro de Capra.

Ainda no mesmo ano o ex-executivo de multinacional lança o *Guia para o Planeta Terra*, de Art Sussman, todo feito em papel reciclado, em uma época em que esse insumo estava apenas chegando ao Brasil. Mantém assim o espírito pioneiro e inovador de *fazer antes de todo mundo*, tal como seu bisavô e seu pai já haviam feito.

Livros de Fritjof Capra – A Editora Cultrix é a única no mundo a publicar todos os seus livros.

> **Pensamento & a Pluralidade Religiosa**
>
> As Editoras [Pensamento e Cultrix] são ecléticas por entrar em várias áreas e não se apegar a nenhuma. É muito interessante que, em termos de religiosidade, aqui na Editora não existe preferência. A Editora sempre esteve aberta a todos os pensamentos, a todas as filosofias, a toda a sabedoria. Isso é muito importante. [...] não tomar partido e ver que em cada religião existem pontos importantes de convergências com as outras religiões (o que já se via nesta Editora naquela época [no início de suas atividades]) é muito importante.
>
> — Ricardo Riedel

* * *

QUANDO RICARDO ASSUME, as Editoras estão com 68 funcionários, em contrapartida aos 1.500 da Searle. Em vista disso, ele aproveita a ampla experiência anterior, trazendo um pouco do pensamento organizacional da grande empresa para sua empresa familiar. E assim várias transformações são feitas, como ele mesmo nos relata:

> *Bom, o que foi que eu fiz: procurei trazer um pouco da minha experiência com a multinacional aqui para dentro [...] fiz um organograma da empresa, que não existia, para ter uma certa hierarquia [...] ninguém sabia quem respondia a quem, era tudo [...] familiar [...]. Quando cheguei, quis [...] organizar de uma forma mais estruturada mesmo; mais empresarial e menos familiar. [...] logo no início estava comigo o José Vicente; eu fiz uma diretoria de marketing, que não havia porque o meu pai era muito voltado para a produção, tanto é que tinha a gráfica, que eu fechei recentemente. Eu achei que não fazia mais sentido manter a gráfica, porque não era o nosso foco, o nosso foco era a edição de livros, e não a impressão de livros. Não justificava pelo volume do que se publicava ter uma gráfica para imprimir só para nós. E para imprimir para fora, não é o nosso foco, foge ao ramo. Tirando isso, já desde o início, quando eu vim, criei diversos departamentos com os respectivos chefes, montei do nada a área de marketing, não quis ficar dependendo de um distribuidor só, que era a Catavento naquela época, e montei onze distribuidores no Brasil, com pelo menos dois em cada área, para um competir com o outro e me fazer um serviço bem-feito. Então isso foi muito importante para conseguir melhorar a distribuição de livros [...]. Mudei totalmente a apresentação dos livros: capa, diagramação, miolo, tipo de papel, para dar uma imagem mais moderna a eles e competir com o que estava na tendência, começando no mercado. [Ricardo, logo que assumiu a direção das Editoras, contratou sua sobrinha Suzana para cuidar do design de capas e imagens em geral.] Isso foi dentro da área de marketing. Fora isso, as finanças: eu comecei a mudar e demorou um pouco mais porque era mais difícil. Finalmente*

agora eu consegui dar uma dinamizada na área contábil e financeira também. Então procurei mexer um pouquinho em cada área.

* * *

DIAULAS ACREDITAVA QUE O LIVRO tinha de ser barato, por isso suas edições sempre foram econômicas e, em muitos casos, traziam capas padronizadas; até porque muitos títulos já saíam em forma de coleção.

Mas Ricardo pensa diferente, assim como o próprio mercado livreiro do final do século XX.

A mudança gráfica realizada por Ricardo, como ele nos relatou acima, veio no momento certo. Todo o mercado livreiro – das maiores às menores editoras – passava por mudanças, pois o padrão gráfico havido subido muito desde os anos 1980 quando surgiu a Companhia das Letras.

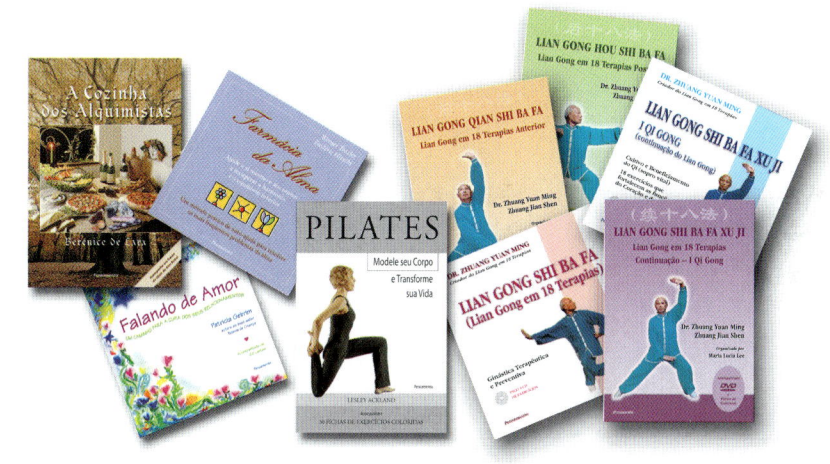

Edições especiais com CDs, DVDs e outros acessórios.

Mas Ricardo vai mais longe que outros editores nacionais em sua área.

Ora, lançar um livro de boa qualidade gráfica não era tão difícil, só exigia um investimento maior em termos de capa, diagramação, tipo de letra, papel, etc., que praticamente se pagava com uma tiragem de 10 mil exemplares.

Mas editar obras que continham caixas, cartas, vidros com óleos essenciais, CDs, DVDs, entre outros acessórios, já era coisa muito diferente no Brasil. E, com exceção de um título ou outro de outras editoras, era algo completamente inédito dentro dos padrões gráficos nacionais.

Muitos dos títulos da Pensamento e da Cultrix com esse tipo de acabamento não deixam nada a desejar se comparados a edições internacionais equivalentes. E, no que se refere à qualidade gráfica, elas passam a fazer parte da pequena confraria das melhores editoras do país, como Cosac & Naify, Ateliê Editorial, EDUSP e outras.

Edições especiais sobre tarô.

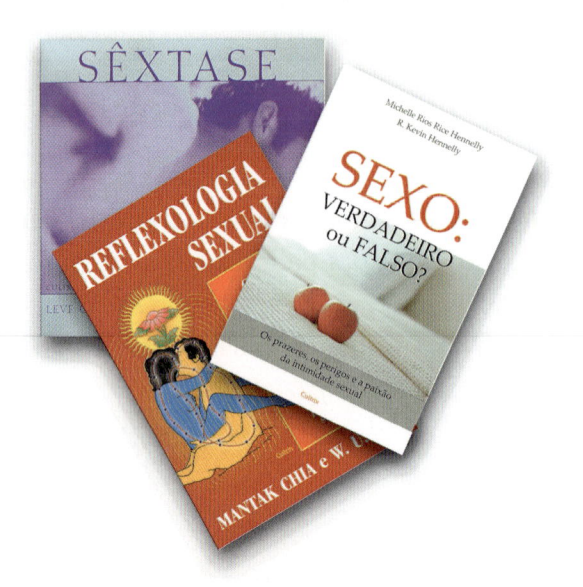

Obras modernas sobre sexualidade.

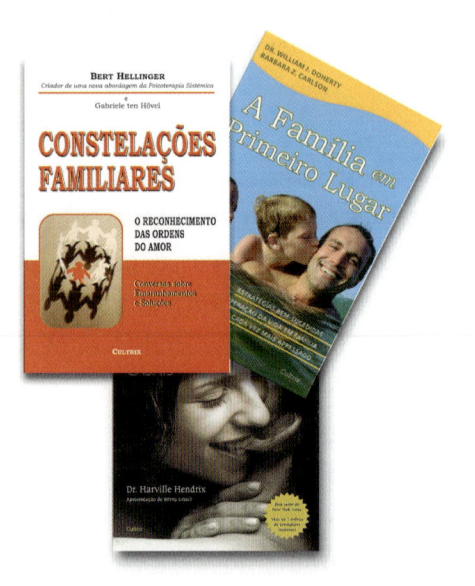

O relacionamento humano em novas perspectivas.

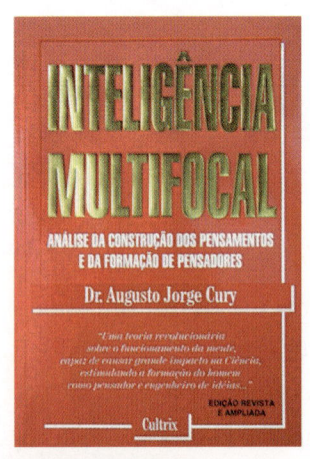

Primeiro livro, do hoje autor *best-seller*, Augusto Cury.

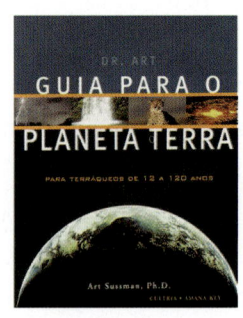

Um dos primeiros livros a usar papel reciclado. Realmente ecológico.

Augusto Cury, em noite de autógrafos.

EM JANEIRO DE 1999, ASSIM QUE ASSUME efetivamente como novo editor, Ricardo realiza profundas reformas: por uma maior comodidade, enxuga as duas Editoras e funde-as em termos administrativos – transformando-as na Editora Pensamento-Cultrix Ltda.

Contando agora com um quadro de 36 funcionários e pondo fim às atividades da gráfica, Ricardo está pronto para continuar a revolução e fazer o que talvez ele mesmo – em começo de carreira como empresário – achasse impossível: unir espiritualidade, administração de empresas, marketing, ética e desenvolvimento sustentável como forma de ajudar o planeta.

(Sem querer fazer "piada", Ricardo dava mais um passo em relação ao "delírio" do seu bisavô Antonio Olívio Rodrigues.)

Havia uma pergunta que nem mesmo Ricardo saberia responder: se ele realmente editasse tais obras, quem iria comprá-las? Em um mundo como o dos executivos, onde só se falava em lucro, quem se interessaria por tais livros?

Mas "equilíbrio e recompensa" – parafraseando o título de um antigo livro do autor de *best-sellers* Lourenço Prado – é o que Ricardo busca quando pensa em lançar essa linha editorial. Não para si próprio, mas para o meio *leonino* de onde veio e que conhecia muito bem: ambiente onde "um puxa o tapete do outro para subir".

Trazer espiritualidade para o mundo dos negócios parece ser sua missão. Aplacar um pouco a sede de quem pensa que a água do planeta Terra é infinita.

Desse modo constatamos que Ricardo fica entre a tradição e a renovação. *Tradição* em vanguardas literárias, pois as Editoras sempre estiveram à frente de seu tempo ao manter a espiritualidade como foco principal. *Renovação* quanto à sua forma de abordagem, pois gera um sincretismo filosófico diferente de tudo o que fora feito nas Editoras até então.

O novo editor percebe que administração sustentável, medicina alternativa e alfabetização ecológica não são gêneros tão incompatíveis assim com seu catálogo espiritualizado.

Portanto, o velho ditado "A propaganda é a alma do negócio" pode ser adaptado de uma maneira até então inédita e pioneira no nosso mercado editorial.

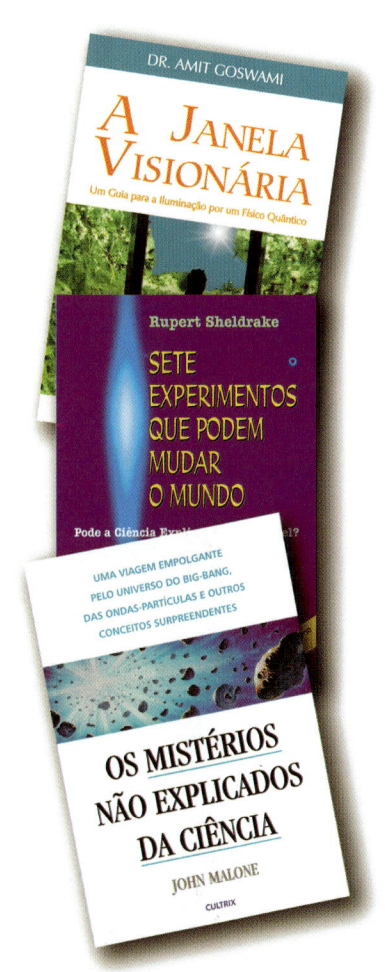

Novas visões sobre a ciência.

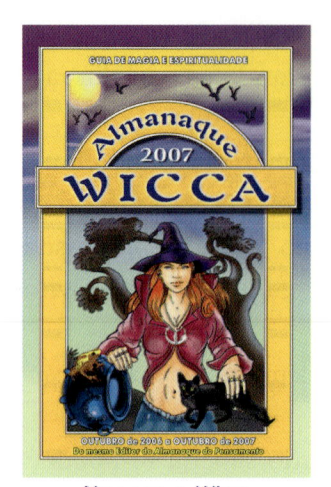

Almanaque Wicca.

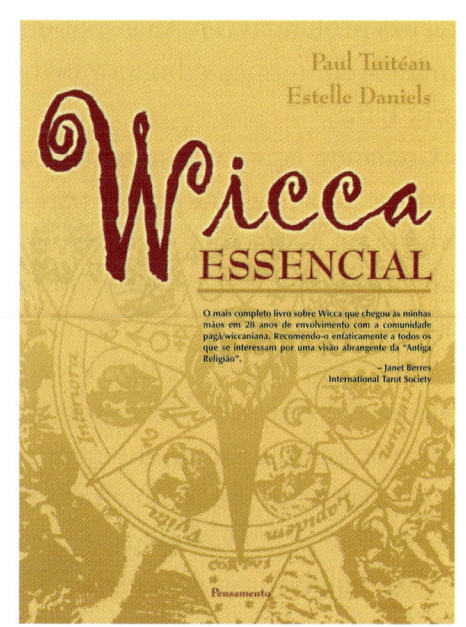

Importante publicação sobre a religião Wicca.

Ricardo Riedel e Maria J. Aguilló, Diretora da Berrett-Koehler.

Ao centro, Leandro Meloni em comemoração de sua aposentadoria após 61 anos de trabalho na Editora.

2000–2007

Nem só a Propaganda é a Alma do Negócio: Espiritualidade, Administração Sustentável, Medicina Alternativa e Alfabetização Ecológica: Outro Editor, Outras Revoluções – A Conexão Pensamento-Cultrix

> "Parabéns pelos cem anos de sucesso editorial! Sinto-me sinceramente honrada por ser um de seus autores. Sou muito grata pelo cuidado que a Editora Pensamento-Cultrix tem tido com a publicação de meus livros no Brasil. Meus mais calorosos votos por seus próximos cem anos! Que a Editora e o Brasil tenham o mais brilhante dos futuros!"
>
> – **Hazel Henderson** (Autora dos best-sellers *Criando um Mundo onde Todos Ganhem*, *Além da Globalização* e *Mercado Ético*)

ESTAMOS QUASE CHEGANDO À VIRADA do milênio, 2000-2001, que traz consigo uma forte carga mitológica, como a que marcou a passagem do milênio anterior.

O mundo está a toda velocidade e as palavras de ordem são globalização, conexão – seja via Internet, e-mail ou celular –, estabilidade e Genoma Humano. O ano de 2000 é pontuado pelo mapeamento do DNA – talvez uma chave para revelar o funcionamento da vida; ou, quem sabe, para fabricá-la em série, via pesquisa com células-tronco, utilizando o argumento de salvar vidas.

Por outro lado, um pouco antes, em agosto de 1999, astrônomos do mundo todo ficaram perplexos diante do estranho eclipse solar que posicionava o planeta Terra no centro de uma *cruz cósmica*: nosso sistema solar, com exceção de Plutão, passava a formar – literalmente – uma cruz, em um alinhamento jamais visto. Eram os *sinais* se revelando!

Foi nesse clima entre o científico, o fantástico, o profético e o místico que Ricardo optou por realmente assumir as Editoras Pensamento e Cultrix, tornando-se assim o terceiro editor dessa quase centenária empresa.

* * *

A EMPRESA, COMO DISSEMOS, já havia ajudado a escrever importantes capítulos da história do livro no Brasil e já mudara várias vezes o paradigma editorial nacional ao adotar "posturas delirantes" e apostar que a cultura e o conhecimento são o resultado de mérito, coragem e esforço, e não só de dados estatísticos e valores mercadológicos, segundo os quais apenas o comercialmente viável deve ser publicado e divulgado.

Como herdeiro dessa tradição, Ricardo continua a tocar as mudanças que havia iniciado em 1997, mas também parte para outras. Amplia o leque de publicações e passa a editar obras sobre: *Wicca*; relacionamentos familiares; sexualidade, com enfoque em terapias alternativas ou orientais; alfabetização ecológica; canalização (Joshua David Stone é seu maior exemplo); e os já citados livros sobre administração, propaganda, marketing, negócios e lideranças, aliados aos livros sobre espiritualidade e desenvolvimento ético e sustentável. Ricardo procura seguir as palavras de Hazel Henderson: "Construir um mundo onde todos ganhem".

Consultório Editorial

[...] nós temos a Sue Ellen, que hoje está no atendimento ao leitor. Dizemos atendimento "ao leitor", não "ao consumidor", porque não achamos que o livro é consumível, ele é muito mais que isso. De vez em quando você vê a Sue Ellen dizendo: "Obrigada [...]. Obrigada [...]". Nós perguntamos: "O que foi, Sue Ellen?". Ela diz: "É o pessoal que ligou, [...] leu um livro e ficou contente, ajudou muito [...] agora a pessoa tem um amigo que está passando por um problema e [quer saber] que livro nós indicamos para esse amigo [...]". Até nesse tipo de coisa acabamos virando um consultório-editorial, vamos dizer assim, para ajuda de amigos e de outras pessoas [...]

— Valdir P. Caldas

Além disso, ele mantém e atualiza as áreas tradicionais das duas Editoras e aumenta a produção de obras nos campos da medicina alternativa, das artes marciais e das artes corporais em geral.

Mas há um nicho ainda pouquíssimo explorado. Embora os livros sobre o *desenvolvimento sustentável* – aliado à espiritualidade e voltado ao mundo dos negócios – já fossem bastante populares no exterior na primeira metade dos anos 1990, aqui eram praticamente desconhecidos. As editoras que publicavam obras na área de administração e negócios não lançavam praticamente nada sobre esse tema específico.

Mais uma vez coubera a Diaulas iniciar os lançamentos nessa área. Mas Diaulas publicou apenas alguns títulos antes de falecer em 1997: os dois citados anteriormente (*O Trabalho Criativo* e *O Empresário Criativo*) e o importante livro *Gerenciamento Ecológico: Um Guia do Instituto Elmwood de Auditoria Ecológica e Negócios Sustentáveis*, lançado em 1995 e do qual participou Fritjof Capra.

Diaulas foi o precursor dessa linha de lançamentos e Ricardo desenvolve-a em sua plenitude.

Com títulos estranhos – como *A Espiritualidade do Sucesso: como ficar rico sem perder a integridade*; *Administração Consciente*; *Como Confúcio pediria um Aumento de Salário*; *Capitalismo Natural*; *O Nascimento da Era Caórdica*; e *O Espírito Criativo* –, Ricardo choca o mundo empresarial. Mas ao mesmo tempo muitas empresas começam a adotar certos princípios discutidos nessas publicações, que passam então a vender muito bem.

Algumas delas tornam-se *best-sellers*, como o livro *O Herói e o Fora da Lei: como construir marcas extraordinárias usando o poder dos arquétipos*, de Margaret Mark e Carol S. Pearson, que une marketing e psicologia junguiana; essa obra é publicada em co-edição com o periódico especializado na área, *Meio & Mensagem*, em uma parceria que foi iniciada em 2003 com o lançamento do livro *Salto: Uma revolução em Estratégia Criativa no Mundo dos Negócios*, de Bob Schmetterer.

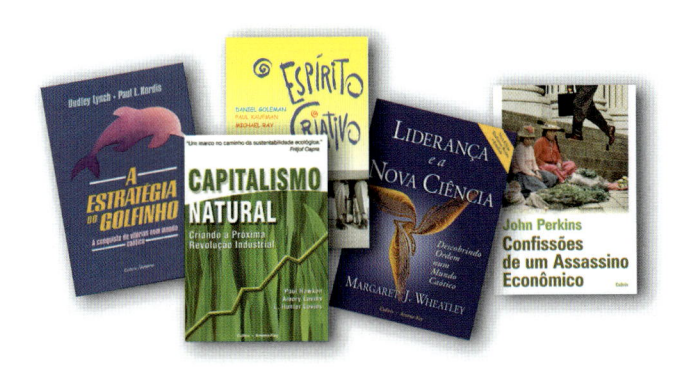

Obras sobre a Nova Administração e Liderança.

> **Espiritualidade, Preconceito e Transformação**
>
> [Há] pessoas que lêem os livros da Editora e declaram que amam, adoram; e dizem isso abertamente. Tem pessoas que lêem e não dizem que lêem porque são livros espirituais, são livros que não coadunam com a maneira científica de se pensar ou com a postura acadêmica [...]. O Diaulas ainda viveu um pouco esse dilema. Naquele tempo ele partilhava isso comigo. Depois isso foi se diluindo e hoje, cada vez mais, essa idéia já não faz sentido. Então, em cem anos, houve uma grande transformação no pensamento e na cultura em relação ao tipo de informação que a Editora Pensamento-Cultrix publica.
>
> — Sônia Café

Também lançando obras com títulos divertidos, como *Nascido numa Droga de Dia*, astrologia; *A Terapia do Chocolate*, autoconhecimento; *Fast Food para a Alma*, auto-ajuda; *Nunca Frite Bacon Nu*, administração; *Divórcio Espiritual*, relacionamentos; *Buda na Mochila*, autoconhecimento; *Quem é mais Feliz? Você ou o seu Cachorro?*, auto-ajuda; e *Autobiografia de um Místico Espiritualmente Incorreto*, do guru Osho, a Pensamento abre seu leque de publicações, que acabam se tornando grandes sucessos de vendas.

Mais uma vez a tradicional editora espiritualista abre um caminho para o mercado editorial brasileiro, que passa então a publicar obras parecidas com as dela. Só que, em muitos casos, sem a sua profundidade, fazendo assim a mídia torcer o nariz para vários de seus livros e ligá-los ao *boom* da auto-ajuda deste início de século, quando surgiram várias editoras que publicavam somente livros dessa área, ou antigas editoras criaram selos apenas para abrigar tais obras.

Estoque da Editora Pensamento-Cultrix.

Mas o diferencial está na permanência dos títulos editados pela Pensamento-Cultrix. Enquanto muitas editoras têm sucesso de vendas com um ou outro título por alguns meses (salvo exceções), a empresa de Ricardo mantém sempre um número fixo de dez lançamentos por mês, ampliando assim seu catálogo. Também muitas obras antigas foram valorizadas com bem cuidadas reedições.

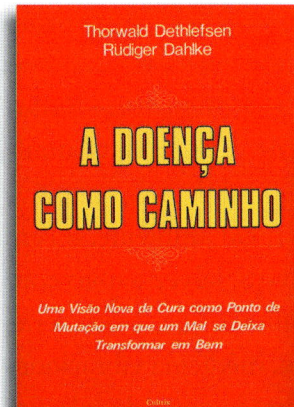

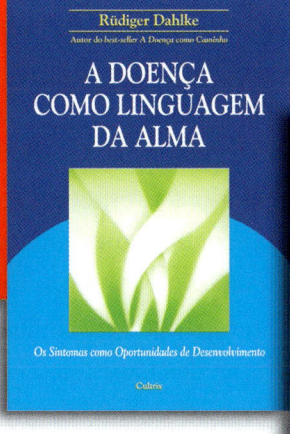

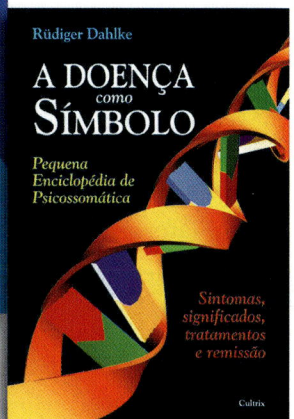

Os *best-sellers* do Dr. Rüdiger Dahlke sobre Medicina Psicossomática.

Dr. Rüdiger Dahlke.

Caroline Bergerot.    Fritjof Capra.    Ken Wilber.

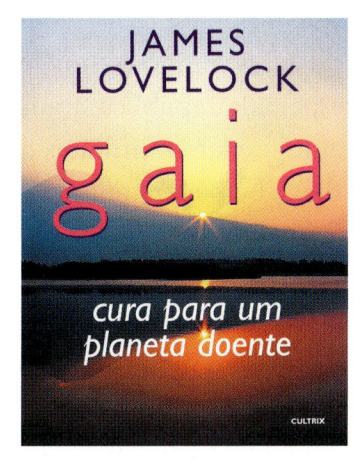

Gaia, de James Lovelock, importante obra sobre sustentabilidade nesse início de milênio.

Em 1997 havia, no total, 1.096 títulos disponíveis, mas Ricardo faz esse número saltar para mais de dois mil em apenas dez anos.

Isso se deve à cuidadosa escolha dos títulos por parte dele. A intenção era que seus livros se tornassem não apenas *best-sellers* imediatos, mas *long-sellers* permanentes, como a primeira obra que a Editora lançou em 1907 – *Magnetismo Pessoal*, de Heitor Durville –, que nestes cem anos nunca esteve fora de catálogo e tornou-se o mais antigo *long-seller* do Brasil.

Devido à crescente preocupação com a saúde e o meio ambiente, a Pensamento-Cultrix tem hoje uma das mais completas seleções de livros, talvez a mais completa, na área de medicina alternativa, em todo seu espectro: reflexologia, cromoterapia, reiki, medicina ayurvédica, florais, cristais, acupuntura, shiatsu, medicina vibracional, alimentação natural e vegetariana, alfabetização ecológica; além de guias de relacionamentos pessoais e familiares, como os do terapeuta Bert Hellinger, criador da nova abordagem da Psicoterapia Sistêmica e da terapia das Constelações Familiares e Organizacionais.

* * *

ASSIM, AO LONGO DE CONTÍNUAS MUTAÇÕES, a conexão filosófica e empresarial da Pensamento-Cultrix cria, a partir de desdobramentos de seus próprios nichos editoriais, novos paradigmas para o mercado editorial nacional: amplia e, principalmente, transforma a maneira de ver e vender livros no Brasil. Porque, hoje em dia, não só a propaganda, mas principalmente a responsabilidade social precisa ser a alma de qualquer negócio, inclusive no mundo dos livros.

Alimentar as pessoas com novas idéias e alertá-las para o que realmente está acontecendo no planeta, além de ser uma enorme responsabilidade, deveria ser o papel primordial de todo editor.

Como exemplo dessa coragem editorial, basta citar o livro que a Cultrix lançou em 2005, com o curioso título de *Confissões de um Assassino Econômico*, do norte-americano John Perkins. O autor relata, de modo comovente, a história secreta de como os Estados Unidos, de uma respeitada república, transformaram-se em um império que utiliza a globalização para defraudar em trilhões de dólares os países pobres do Terceiro Mundo. E o escritor deixa bem claro que sabe perfeitamente do que está falando – ele mesmo foi um assassino econômico.

Em uma entrevista, Ricardo Riedel nos disse que "todo mundo deveria ler esse livro de John Perkins para realmente saber o que acontece em termos políticos, sociais e econômicos em nosso planeta no momento atual".

Pioneirismo. Mais uma vez é o que vemos aqui. Pois só isso explicaria a publicação de um livro que trata de um tema tão controverso e cuja vendagem ainda não

Ricardo na Feira do Livro de Frankfurt com alguns representantes de editoras internacionais.

é tão significativa. Enfim, Ricardo permanece à frente de seu tempo, tal como seus predecessores, publicando livros que procuram mudar padrões, estabelecer novas idéias e, principalmente, levar para todas as áreas do conhecimento a síntese de um século de conhecimento acumulado.

Síntese essa que pode ser traduzida pela palavra "espiritualidade" ou por esta frase do fundador e patrono da Editora, Antonio Olívio Rodrigues: "O homem só é grande, só tem valor, por seu pensamento; por ele, suas obras se irradiam e se perpetuam através dos séculos."

IV. SÍNTESE DE UM SÉCULO: UM PROJETO, TRÊS EDITORES – PERSPECTIVAS PARA O FUTURO – O ESOTERISMO NO SÉCULO XXI

> "Saudade do Diaulas, da convivência de alegria e solidariedade. Parabéns à nova geração."
> – **Regina Bilac Pinto** (Presidente da Editora Forense)

> "Ricardo, parabéns! O seu discurso foi emocionante. Tenho certeza de que a 'família no paraíso' está orgulhosa."
> (Referência ao discurso de Ricardo Riedel na Festa dos 100 Anos)
> – **Maria Regina Costa** (Prima de Ricardo Riedel)

> "Parabéns pelo centésimo aniversário de sua empresa! Temos muito orgulho de trabalhar com a Editora Pensamento-Cultrix. Meus colegas se associam a mim nos melhores votos para você e seu pessoal! Anos ainda mais prósperos virão!"
> – **Oxana Schroeder**
> (em nome da Llewellyn Worldwide, LTD)

UMA GRANDE E QUIXOTESCA AVENTURA, uma odisséia de vanguardas e pioneirismos – assim pode ser descrita a história da Empresa Editora O Pensamento ao completar o seu primeiro centenário.

O primeiro de muitos, esperamos.

Mas isso se o aquecimento global não der cabo de todos nós – não podemos também esquecer que o antigo calendário maia apontava o apocalíptico ano de 2012 como o término de um grande ciclo –, impedindo assim a continuidade desta aventura editorial que só chega a completar cem anos após muita luta, descaso do governo

Livraria Pensamento no prédio da atual sede da Editora.

para com a cultura, planos econômicos absurdos, verdadeiros delírios megalomaníacos (como a Transamazônica), ditaduras (como o Estado Novo e a militar de 1964-1985), inflações galopantes, analfabetismo e muito mais. Enfim, dá para entender por que apenas 4% das empresas chegam a completar cem anos.

Só mesmo Deus sendo brasileiro – como diz o nosso povo –, para um empreendimento editorial como o da Pensamento durar tanto tempo.

Outro fator pode ajudar-nos a compreender o "enigma" Pensamento-Cultrix: o uníssono, inconsciente talvez, entre três editores, três visionários – Antonio Olívio, Diaulas e Ricardo Riedel –, que, cada um a seu modo e em sua época, mas unidos por seu espírito criativo, abriram marcas na espiritualidade e na intelectualidade do nosso país.

E mais, somente em um país como o nosso – de tantas cores, línguas, etnias, sons, credos, espiritualidades e pluralidade de pensamento –, uma editora como essa poderia vingar.

Na Argentina, sua "irmã espiritual", a Editora Kier, igualmente vingou e permanece até hoje na ativa, mas com uma orientação editorial mais tradicional. Curiosamente, também foi fundada por um imigrante: de origem dinamarquesa, Nicolás Kier comprou a pequena Livraria Teosófica e a transformou na Editora Kier, também no ano de 1907.

Isso nos mostra que a necessidade de difundir os ensinamentos esotéricos na América do Sul era grande, pois o continente teria futuramente importante missão

Cathy Slater, da Editora Carroll & Brown, em conversa com Ricardo Riedel.

Ricardo com Cristina Perlea, da Editora Windpferd.

O Papel Transformador da Pensamento

[...] amo de paixão trabalhar aqui, principalmente pelo respeito que eu sei que o Sr. Diaulas teve pela Editora, que o Ricardo tem pela Editora e que a Editora tenta passar para o público; o mesmo respeito que ela tem. [...] todos os livros que nós publicamos realmente têm em mente respeitar, no leitor, algum sentimento, para ele próprio se desenvolver como pessoa, melhorar como pessoa. E também para a coletividade acordar para determinado assunto que esteja acontecendo na época: como *Gaia*, como *Alfabetização Ecológica*, que são livros voltados para despertar para a consciência do meio ambiente. [...] Eu acho que a Editora tem um papel muito importante na vida dos brasileiros [...] e adoro trabalhar aqui. Acho que é uma editora muito importante, [...] uma das mais importantes do Brasil.

— Célia Regina Romero

Estandes da Editora Pensamento-Cultrix na Bienal do Livro.

espiritual. Missão a ser revelada por Trigueirinho nos anos 1980, por meio de sua vasta obra, ou como o autor diz em seus livros: "Obra que foi escrita sob minha responsabilidade".

* * *

COM SEU AMPLO E DIVERSIFICADO catálogo, a Pensamento-Cultrix cumpre sua missão de levar para as pessoas conhecimentos que são compatíveis com o atual momento do planeta e da história humana. Um exemplo de síntese na qual se busca o aprofundamento, não mais a separatividade, como na Era de Peixes.

Por meio de sua abrangência de temas – mas sem sair dos seus trilhos filosóficos e espirituais –, a Editora chega aos cem anos lançando obras que mantêm os conhecimentos esotéricos atualizados, já que a demanda de informações hoje é muito maior do que era há um século, e o que antes era esotérico hoje já não é mais.

Parafraseando o título de uma obra de Trigueirinho, hoje vivemos "a busca da síntese". Assim, na contemporaneidade, não há linhas muito determinadas que se correlacionem com as grandes correntes do pensamento esotérico ocidental, mas sincretismos que se multifacetam em vários graus e nuances para atender as consciências de diversos graus evolutivos.

O ocultismo ocidental, hoje chamado de "clássico" – do qual falamos ligeiramente no início deste livro –, teve seu auge no século XIX e início do XX, mas transformou-se muito nos anos 1960 e entrou em processo de síntese, realizada pelo movimento da Nova Era na década de 1980, para ressurgir mais compreendido na atualidade.

Hoje em dia ele encontra sua expressão no renascimento do orientalismo, na exegese do cristianismo primitivo dos séculos I ao IV, no estudo da simbologia e da geometria sagrada, e correlaciona-se a preocupações com a qualidade de vida (Feng Shui), o renascimento do paganismo celta (*Wicca*) e nórdico (*Asatrû*), a psicologia transpessoal (como modelo de busca de contato com a alma), o uso dos oráculos como forma de autoconhecimento, bem como os estudos alquímicos (psicologia junguiana) e o contato com OVNIs e extraterrestres, fisicamente ou através do fenômeno de canalização.

Em outras palavras, vive-se hoje o *império das tradições*, em que a permanência do espiritual busca uma saída contra o consumismo, o culto à tecnologia, o racionalismo capitalista e a fragmentação da consciência e dos valores humanos.

Assim, há uma maior urgência de nos aproximarmos de nós mesmos, do nosso próximo e do planeta, e estabelecermos um amplo diálogo. E lidarmos de forma sistemática com a perspectiva de um "novo mundo", uma Nova Terra, em um Universo em constante transformação.

Sr. Diaulas e D. Daisy.

Luis Antonio, José Arthur, Sr. Diaulas e Ricardo na sede da empresa.

Ricardo e Therezinha na festa em homenagem à D. Karin Schindler.

José Arthur Riedel — sócio da Editora.

Antigo quadro com desenho do Prédio da Torre.

> **Assoprando as Velinhas do Bolo de 100 Anos**
>
> Creio que é muito bom, na minha gestão, completar os 100 anos; esse é um privilégio muito grande [...]. Meu bisavô formou isso aqui, meu pai fez crescer e eu tive o privilégio de estar aproveitando esse momento dos 100 anos [...], infelizmente meu pai não está aqui. [...] Outro dia eu estava comentando com a Bia, minha mulher, aliás, ela é que comentou: "Puxa, que pena que o seu pai não está aqui, mesmo velhinho [...], para aproveitar esse momento, essa festa dos 100 anos". Eu disse que era verdade e que ele iria gostar muito. [...] é realmente uma coisa que marca, [...] acho que, nesses cem anos, eu estar vendo isso é um marco muito importante, não só no ramo editorial, como em qualquer ramo [...]. Muito poucas empresas fazem 100 anos no mundo, não só no Brasil, mas no mundo. [...] as estatísticas são de quatro por cento, dentre todas as empresas que são criadas, as que fazem 100 anos.
>
> — Ricardo Riedel

A partir do que dissemos até aqui sobre o pensamento esotérico na atualidade, dá para entender melhor a busca da Editora Pensamento pela constante renovação de idéias e sua forma ecumênica de abordar temas espirituais ou intelectuais.

* * *

MANTER VIVA A CHAMA DE SUA FILOSOFIA — essa foi a missão da Editora Pensamento-Cultrix nestes últimos cem anos e será também no futuro.

Sua memória está agora sendo resgatada, primeiramente por este livro comemorativo. A seguir, ficará preservada no Museu Diaulas Riedel, onde será guardado todo o material histórico da Editora — uma importante iniciativa, por se tratar não só do conteúdo das obras quanto da própria historicidade, que transforma as obras em documentos de uma época. Os futuros pesquisadores vão poder, então, encontrar as respostas para as perguntas mais importantes sobre si mesmos e com relação às suas pesquisas.

Assim a Editora Pensamento-Cultrix completa mais um capítulo de sua saga e, como sempre, pôde contar com o apoio de seus leitores e de sua grande família (funcionários, escritores, amigos, colaboradores e livreiros) para fazer cumprir sua grande máxima: "Livros para um Mundo em Transformação".

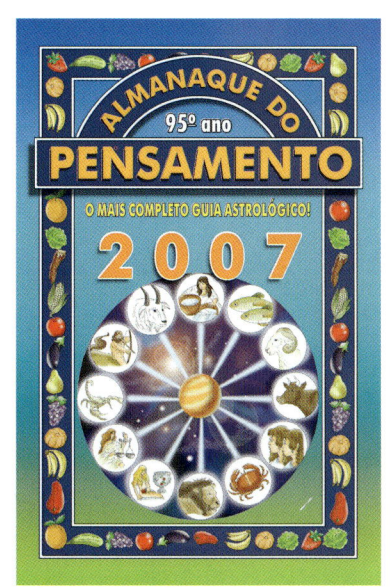

Nosso maior *long-seller*, com mais de 22 milhões de exemplares vendidos.

Ricardo Riedel discursando.

Alguns membros da família Riedel na festa comemorativa dos 100 anos.

Família Pensamento-Cultrix Ltda.

Ricardo com amigos da Agência Literária Riff.

Caroline Bergerot (autora) e Ricardo Riedel.

Ricardo Riedel e esposa.

José Arthur Riedel e Ricardo Riedel.

Karin Schindler (agente literária) e Ricardo Riedel.

Oscar Motomura, Diretor-Geral do
Grupo Amana-Key, e Ricardo Riedel.

Ricardo Riedel e Oswaldo Siciliano,
das Livrarias Siciliano.

Ricardo Riedel e Pedro Herz, da Livraria Cultura.

Edson Meira, Ricardo Riedel e Elga Pedri,
das Livrarias Curitiba.

Professor Massaud Moisés com a
esposa e Ricardo Riedel.

Placa comemorativa do Centenário da
Editora Pensamento-Cultrix.

Placa Museu Diaulas Riedel.

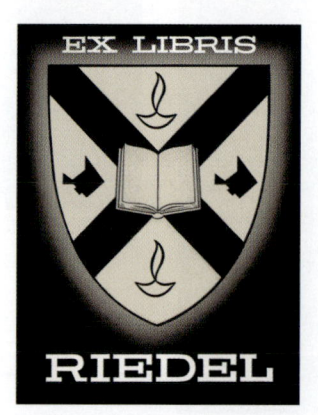

Ex-libris Riedel/Pensamento-Cultrix.

EPÍLOGO

Livros para um Mundo em Transformação: a Missão Espiritual da Editora Pensamento

A PENSAMENTO-CULTRIX FAZ PARTE de uma rede de editoras que, disseminadas pelo mundo, foram estimuladas pela Hierarquia Espiritual. O Círculo Esotérico da Comunhão do Pensamento, que está na raiz da Editora Pensamento, nasceu desse impulso vindo do Alto no começo do século XX. E havia mesmo muita necessidade de iniciativas como essa.

Esta Editora vem dando sua contribuição no processo de expansão da consciência humana, processo que a cada dia avança mais, apesar da desordem social e ambiental que a olhos vistos se acelera por todo o planeta. É essa a razão de procurar manter-se receptiva à difusão de obras verdadeiramente instrutivas que possam surgir para a vida de hoje e de amanhã.

O material apresentado neste livro fala por si. Revela a união de pesquisadores espiritualistas, místicos, escritores e jornalistas ligados ao esoterismo e à busca da realidade interior, todos movidos pelo grande ideal de transformação do mundo. E como transformar o mundo não é fácil, e por longo ciclo ainda não o será, a marca desses idealistas tem de ser a da paciência, da resignação, do desapego por resultados imediatos e, sobretudo, a marca da visão que vai além das aparências. A Editora Pensamento-Cultrix tem a básica missão de prosseguir e prosseguir, trazendo sempre à luz outras e novas sementes que, como essas, a seu tempo brotarão.

– TRIGUEIRINHO

POSFÁCIO

É RARO, EM QUALQUER PARTE DO MUNDO, que uma editora – este é o caso da Pensamento-Cultrix – comemore cem anos de atividade ininterrupta e num setor único, de modo tal que acabaria por tornar-se pioneira. E não menos raro é que se tenha desdobrado em outra editora ao completar meio século e mantê-la em funcionamento até os nossos dias. Ambas constituem como que as duas faces da mesma moeda, uma complementa a outra, embora situadas em territórios próprios. E a razão para essa eficiente complementaridade mergulha no fato de que radicam no mesmo propósito, que o título da sinopse histórica, acabada de ler, tão bem assinala: pensamento em mutação. Em mutação permanente, acrescentaríamos, sem alterar a substância da assertiva.

Por outras palavras, trata-se de dar vida a livros calcados no intuito de colaborar para a edificação das consciências postas em face de um mundo em vertiginosa transformação, seja no terreno do ocultismo, tomado como designativo das numerosas tendências de caráter esotérico, seja no espaço da psicologia, filosofia, ciências, história, literatura, administração, propaganda, sociologia, lingüística, artes plásticas, etc.

A fusão das duas editoras, emblematizada no título Pensamento-Cultrix, resulta dessa identidade de propósito. E tal propósito guarda a confirmação simbólica do início e permanência do sonho que um imigrante português iluminado – Antonio Olívio Rodrigues – realizou ao transladar-se do cenário de origem para um país dos trópicos, que os seus ancestrais revelaram ao mundo em 1500. Fazia-o com uma determinação e um desassombro que se diria serem inerentes a um predestinado. Guiado pelas vozes interiores, ainda que lhe falassem nebulosamente, fundou, em 1907, uma editora, e não qualquer negócio rentável, contrariamente ao comum dos seus patrícios e dos milhares de imigrantes que, a partir das últimas décadas do século XIX, aportavam em nosso litoral para refazer as suas vidas. E a ela se dedicou com afinco invulgar, tangido, sem o saber, por uma vontade superior, alicerçada numa crença e numa força inquebrantáveis, que o estimulavam a arrostar todos os obstáculos a fim de alcançar a meta que obscuramente perseguia.

Realizava, desse modo, o seu desígnio e, a um só tempo, gravava a marca que se tornaria ícone da sua empreitada intelectual, a ponto de emprestar-lhe um sentido e uma energia que se perpetuariam ao longo de cem anos. E que seria transferida, como uma corrida de revezamento de uma equipe olímpica, às mãos de seus sucessores, notadamente Diaulas e Ricardo Riedel.

Essa marca, ainda hoje visível, dotada de um brilho crescente, à medida que o tempo passa, está vinculada estreitamente à palavra escolhida por Antonio Olívio Rodrigues para representar o seu projeto editorial, o pensamento, carregada de uma conotação muito mais ampla do que à primeira vista poderia possuir. Núcleo, matriz, o vocábulo resumia, semântica e simbolicamente, tudo quanto ele pretendia, para levar a bom termo a missão que se impunha em terras de S. Paulo. À maneira dum José de Anchieta ou dum Manuel da Nóbrega, dedicou-se a uma espécie de catequese laica: a educação pelo pensamento, instrumento sem o qual o trabalho corre o risco de tornar-se servidão ou não exibir maior sentido, e síntese que é da busca de tudo que se desejar. Em síntese, pensamento como consciência voltada para a realidade concreta ou, como espírito, dirigida para a realidade transcendental.

Essa marca, esse anseio de abarcar o plano objetivo assim como o etéreo, não só permaneceu como também ganhou refulgência nova quando, nos idos de 1950, veio à luz espontaneamente o projeto de fundar uma outra editora que realizasse idêntica missão à que norteara o imigrante visionário, em outras áreas do pensamento, ou da Pensamento, como quem diz, em outros rincões do conhecimento. Assim nasceu a Cultrix, intimamente conectada à Pensamento, como se os dois selos editoriais se intercambiassem, ou, sendo à primeira vista distintos, espelhassem um ao outro, graças a buscarem a consecução do mesmo ideal originário.

E ainda à mercê dum significado múltiplo, de raiz esotérica numa forma aparentemente complexa: culto do Pensamento/Conhecimento, agora sob a sigla que reitera o insondável, o oculto, numa palavra, que esconde no seu significado a mesma função que a palavra fundante representava: toda editora é uma matriz cultural. Em suma: onde se situa o cerne da Cultura senão no Pensamento? E vice-versa: que significado reveste o Pensamento senão o de ser a energia *sine qua non* da Cultura?

Alegra-me que tenha podido assistir aos festejos do centenário da Pensamento-Cultrix, e alegra-me igualmente, senão muito mais, que tenha feito parte, desde os anos 50 do século passado, com a criação da Cultrix, do grupo de seus colaboradores. E, como se não bastasse, de participar de mil e uma ocorrências e situações ao longo desses anos, que definem um destino editorial fora do comum, graças ao sonhador que fundou a empresa há cem anos e aos que o sucederam à frente da Editora, na sua viva e densa trajetória até os dias atuais.

E ainda apraz-me pensar que a Pensamento-Cultrix continuará a produzir livros a mancheias, como diria o Poeta, para satisfazer o apetite de incontáveis leitores, ávidos de pensamento e de conhecimento em suas várias modalidades, por muito tempo ainda, quiçá por um ou mais centenários, como este que agora, em 2007, se festeja com merecido júbilo.

– MASSAUD MOISÉS

ANEXO I

Os Logotipos da Pensamento-Cultrix: Cem Anos de Simbologia Oculta

AS INICIAIS DE ANTONIO OLÍVIO RODRIGUES – A.O.R., como ele é chamado pelo Círculo Esotérico da Comunhão do Pensamento – coincidem com a palavra hebraica *aor*, que significa "fogo". Sabemos que o fogo, juntamente com o elemento ar, representa o pensamento. Mas o fogo se relaciona com a parte abstrata da mente, com o Supramental, com os "Mundos Ardentes do Agni-Yoga".

A escultura *O Pensador*, de Auguste Rodin, foi durante muitos anos o logotipo da Editora O Pensamento. O pensador produz um pensamento, ou seja, ele é um intelectual. Seu racionalismo gera, através do pensamento concreto, a Editora Cultrix – uma editora intelectual, cujo símbolo é um peixe.

O peixe simboliza a Era de Peixes, que rege o individualismo e a mente concreta. Portanto, foi uma ótima escolha o peixinho de Aldemir Martins como logotipo de uma editora voltada para temas acadêmicos e intelectuais.

A partir de meados dos anos 1970, o símbolo da Editora Pensamento passa a ser uma lamparina, da qual brota uma chama – o fogo, o "Pensamento Vivo" de A.O.R.

E, após a entrada de Ricardo Riedel, as cores que a Pensamento-Cultrix passa a usar são o azul e o amarelo. Não por acaso, essas são as cores esotericamente ligadas à espiritualidade e ao intelecto/pensamento; respectivamente, o azul e o amarelo. O sincretismo dessas cores mostra também a transição da energia da Era de Peixes para a Era de Aquário.

É como Ricardo disse recentemente: o peixe da Cultrix pula no "aquário" [filosófico-espiritual] da Pensamento, gerando a Pensamento-Cultrix, que simboliza assim o momento atual.

* * *

O Pensador

Antigo logo da Editora Pensamento.

Logo da Editora Cultrix, adaptação de Aldemir Martins.

A chama da Pensamento.

Selo Pensamento-Cultrix 100 Anos — Síntese, evolução e visão de futuro.

ESTE SINGELO ESTUDO TEVE a intenção de mostrar que não escolhemos nada, somos sempre escolhidos; não vivemos a vida, é ela que nos vive. Pois então, não tenhamos medo; e, como a Editora Pensamento-Cultrix, possamos viver em constante transformação em nossa vida cotidiana, intelectual e espiritual.

PAZ, LUZ e AMOR a TODOS os SERES

ANEXO II

Cem Anos em Epígrafes: Os Amigos e Colaboradores da Pensamento-Cultrix

"Ricardo e todos os queridos amigos da Cultrix, quanta emoção, quanta alegria! Que coisa boa estar aqui comemorando estes lindos 100 anos com vocês! A Cultrix mora no nosso coração, é uma editora "Fada Madrinha", querida demais!"

– **Lúcia Riff** (Agente literária)

"Caro Ricardo e Família Pensamento-Cultrix, é uma honra participar deste evento, representando a Câmara Brasileira do Livro. Vocês merecem todo o nosso carinho pelo que fizeram e continuam fazendo pela cultura do nosso país!"

– **Armando Antongini Filho** (Diretor da Câmara Brasileira do Livro)

"A toda equipe da Pensamento-Cultrix, nossos parabéns e também à memória do Diaulas."

– **Oscar Motomura** (Diretor-Geral do Grupo Amana-Key)

"Há 100 anos um bichinho penetrou no nosso sangue, hoje ele frutificou e gerou novas sementes. Deus o abençoe!"

– **Valdir P. Caldas** (Gerente Administrativo – Editora Pensamento-Cultrix)

"Queremos mais 100!"

– **Elga Pedri e Edson Meira** (Livrarias Curitiba)

"Ricardo, 100 é pouco. Quero mais 100!"

– **Luís Pellegrini** (Editor da revista *Planeta*)

"Amigo Ricardo, compartilhando com sua alegria e sucesso."

– **Simone Ramounoulou** (Diretora Executiva da Livraria Antakarana & Coordenadora Geral WHHouse/World Business Academy)

"Parabéns a todos nós!"

– **Suzana Riedel Dereti** (Designer das capas dos livros da Editora)

"Considero-me personagem integrado (já que testemunha durante bom tempo) dessa bonita festa de uma atividade que durante 100 anos provocou a reflexão e a conscientização do homem na sua grande aventura no Planeta Azul. Minha entrada na Editora Pensamento foi um divisor de águas que me orientou no caminho das edições e na fusão do hábito da leitura.

Minhas homenagens ao mestre Diaulas, ao Leandro Meloni, que me "iniciou", e ao saudoso Carlos Pous, com quem Deus me possibilitou conviver na melhor época dos sonhos."

– **Cosmo Juvela** (Presidente da Editora Meca)

"Com muita satisfação comemoro com a Editora esta data importante de 100 anos."

– **Caroline Bergerot** (Autora de vários livros publicados pela Editora Cultrix)

"Um acontecimento destes faz com que inúmeras memórias surjam na mente da gente, lembranças essas, todas agradáveis e cheias de saudades.

Lembro-me como se ontem fosse, o convívio com toda a família Riedel, desde meados da década de 50. Isto inclui freqüentes jantares na casa de vocês, visitas a São Roque, junto a Nadyr e as crianças (inclusive uma vez com o meu pai), *business meetings*, reuniões e festividades da Câmara Brasileira do Livro, junto com tais personalidades, amigos comuns, como Rubens de Barros Lima, Octalles Marcondes Ferreira, Mário Fittipaldi, os Saraiva, Jorge Zahar, Leandro [Meloni] e muitos outros; todos eles amigos tanto do querido Diaulas como meus. Aqui também não esquecemos o curto convívio do José Arthur conosco na Samab."

– **Marti Soisalo** (Samab)

"Tudo de bom pelos próximos cem anos. Com os meus melhores votos."

– **Arne Mueller** (Coordenador de publicações da Krishnamurti Foundation Trust)

"Desejamos a você e a sua empresa muitas felicidades por todos os seus anos de trabalho, esperando que nossa amizade continue por muito tempo. Muitas felicidades para agora e para os próximos cem anos! Esses votos são extensivos a todo o pessoal da Editora."

– **Maria Cristina Grigna** (Diretora da Editora Kier)

"Quero estender meus cumprimentos a todos os funcionários da Pensamento-Cultrix pelo seu centésimo aniversário! Nosso duradouro relacionamento com sua Editora sempre foi positivo e marcado pela melhor cooperação. Por isso, desejo-lhes o maior sucesso pelos próximos cem anos!"

– **Anne Hollingworth** (Administração de contratos e direitos autorais
da Red Wheel/Weiser & Conari Press)

"Desejo-lhe todo o sucesso para os próximos cem anos."

– **Tassy Barham** (Tassy Barham Associates)

"Parabéns pelos cem anos de sua Editora. Não fazia idéia de que ela tivesse uma história tão longa! Parabéns por essa significativa ocasião."

– **John Renesch** (Autor do best-seller *Liderança para uma Nova Era*)

"Editora Pensamento-Cultrix:
cem anos de existência;
cem anos produzindo cultura;
cem anos ajudando as pessoas na busca do autoconhecimento;
cem anos primando pela qualidade;
cem anos iluminando o futuro;
cem anos iluminando e propiciando a felicidade."

– **Catavento Distribuidora de Livros**

"As artes marciais do Brasil, especialmente o Aikido, têm um enorme débito com a Editora Pensamento-Cultrix, dirigida pela família Riedel, que nestes 100 anos de existência fez questão de publicar os melhores livros sobre o assunto e outros correlatos, permitindo que milhares de pessoas no Brasil e até no exterior tivessem acesso a este conhecimento milenar oriental. Não é por acaso que chegaram a este centenário de existência, um marco inquestionável, comprovador de seriedade, competência e amor em divulgar a sabedoria."

– **Wagner Bull** (Presidente da Confederação Brasileira de Aikido)

"Ao Sr. Ricardo Riedel e todos os funcionários da Editora Pensamento-Cultrix nesta data cheia de simbólicas conquistas, enviamos nosso reconhecimento por tantas sementes de luz, que trouxeram ao longo destes 100 anos para milhares de consciências adentrarem o mundo do conhecimento e reflexão. Hoje é motivo de celebração, por tantas oportunidades positivas criadas através de leituras que trouxeram liberdade intelectual e grandeza espiritual aos buscadores das vibrações, que tem escrito livros da vida de muitos leitores ao longo do tempo... Desejamos as bênçãos dos grandes mestres para o início deste novo ciclo e que 'harmonia, amor, verdade e justiça' sejam sempre a chave do sucesso destas editoras e toda sua equipe. Fraternalmente."

– **Suzana e Guilherme** (Jornal *Caminhos*)

"Eu diria que hoje já não existe tanto esse preconceito, é uma coisa até interessante; há vinte e cinco anos, nós tivemos, em certa ocasião, a idéia de ampliar a livraria, e fomos procurar um outro ponto para montarmos essa livraria. Descobrimos um ponto, mas essa loja pertencia à Cúria Metropolitana de São Paulo – que se recusou! Eu cheguei a ir falar com o bispo (era o D. Paulo na época), [mas] recusaram porque era para a Editora Pensamento, que era uma editora espírita – *espírita*. O conceito era esse."

– **Valdir P. Caldas**

"Não existe nada melhor do que o livro para provocar a reflexão. A opção dois é a religião. Então, ou você lê ou você é religioso. Uma dessas duas coisas provoca nossa reflexão. O ato mais parecido com o ato de orar é o ato de ler."

– **Cosmo Juvela**

ANEXO III

A Cronologia da Transformação: Cem Anos em Datas Históricas

1907–2007

1907 – (26 de Junho) – É fundada em São Paulo (SP), a "Empresa Editora O Pensamento" pelo imigrante português Antonio Olívio Rodrigues. O primeiro livro é *Magnetismo Pessoal*, de Heitor Durville. No mesmo ano sai o primeiro número da revista *O Pensamento*.

1909 – É fundado, também por Antonio Olívio Rodrigues, o Círculo Esotérico da Comunhão do Pensamento, a primeira entidade do gênero no Brasil.

1912 – É publicada a primeira edição do *Almanaque do Pensamento*, que vem sendo publicado ininterruptamente até os dias atuais, somando 22 milhões de exemplares vendidos. É também deste mesmo ano a publicação de *Nossas Forças Mentais* (4 vols.), de Prentice Mulford, o precursor dos livros de auto-ajuda no Brasil.

c. 1912/1913 – A Editora "O Pensamento" lança a primeira edição do *Bhagavad Gita*, em sua primeira tradução mundial do sânscrito para a língua portuguesa, por Francisco Valdomiro Lorenz.

c. 1910/1920 – Publicação da "Coleção Yogue Ramacháraca", sobre filosofia Vedanta e yoga; a primeira do gênero a ser publicada no Brasil.

c. 1930 – Lançamento de *Alegria e Triunfo*, de **Lourenço Prado**, o livro mais vendido da Editora, com mais de 700.000 exemplares comercializados.

1943 – O pesquisador e "teósofo" Diaulas Riedel assume a presidência da Editora Pensamento, sendo a publicação do livro *A Sabedoria e o Destino*, de **Maurice Maeterlinck**, sua primeira obra como novo editor.

1945 – São separadas as contabilidades da Editora Pensamento e do Círculo Esotérico, com a entrada de Leandro Meloni, que viria a ser o braço direito da Editora por mais de sessenta anos.

1946 – Diaulas Riedel, junto a vários outros editores e livreiros, numa reunião na sede da Editora, funda a Câmara Brasileira do Livro (CBL).

1951 – Publicação da *Autobiografia de Annie Besant*, que viria a ser o início de uma das linhas editoriais mais tradicionais da Editora: a Teosofia.

1951-1952 – É iniciada a distribuição, pela Editora Pensamento, de um dos maiores fenômenos de venda da história do livro de que se tem notícia: as obras de Dale Carnegie, *Como Fazer Amigos e Influenciar Pessoas* e *Como Evitar Preocupações e Começar a Viver*, ambos lançados pela Cia. Editora Nacional.

1953 – Diaulas Riedel publica a primeira edição do livro *Hei de Vencer*, de Arthur Riedel, um dos maiores *best-sellers* da Editora e um dos precursores da auto-ajuda moderna, acumulando hoje mais de 200.000 exemplares vendidos.

1956 – É fundada a Editora Cultrix, por Diaulas Riedel, com o intuito de lançar obras de filosofia, psicologia, sociologia, literatura, comunicação e lingüística, tornando-se um marco na produção de livros universitários no Brasil. No mesmo ano sai a primeira edição do livro *O Poder do Pensamento Positivo*, de **Norman Vincent Peale**, um dos maiores fenômenos de venda da Editora até hoje, com mais de 500.000 exemplares vendidos. A atualidade do livro comprova-se até hoje através de outras obras, como, por exemplo, o documentário/livro *O Segredo*, de Rhonda Byrne, que traz, "de forma indireta", as idéias centrais de Peale. É também nesta época que a Editora Cultrix publica os primeiros livros de parapsicologia de que se tem notícia; são eles: *Parapsicologia, Psiquiatria e Religião, Parapsicologia e o Inconsciente Coletivo*, ambos do **Dr. Alberto Lyra,** e *Novas Perspectivas em Parapsicologia*, de **J. B. Rhine & R. Brier.**

1961 – Diaulas Riedel ganha pelo conjunto de sua obra o Prêmio Jabuti de melhor Editor do ano.

1968 – É lançada, pela Editora Cultrix, uma das pedras angulares da ciência da cibernética, por seu próprio criador, **Norbert Wiener**. O livro em questão é *Cibernética e Sociedade*.

1970 – A Cultrix edita pela primeira vez em língua portuguesa o livro *Curso de Lingüística Geral*, de **Ferdinand de Saussure**, o pai da lingüística moderna. É do mesmo ano a primeira edição de *História Concisa da Literatura Brasileira*, de **Alfredo Bosi**, lançada pela Editora Cultrix, que traz, por meio de seu enfoque sucinto e erudito, uma nova perspectiva em termos históricos sobre a literatura brasileira.

1973-1975 – *A Humanização do Meio Ambiente*, do Smithsonian Institute, e *Ecologia: Conservar para Viver*, de **Kay Curry Lindahl**, são lançados pela Editora Cultrix (o que a torna pioneira em publicação de livros sobre ecologia e meio ambiente), junto a outros títulos lançados no mesmo período, como o livro de **Hans Linderman,** *Terra, um Planeta Inabitável?*, pela Biblioteca do Exército Editora.

1975 – Sai a primeira edição do livro *Síntese da Doutrina Secreta*, de **Helena P. Blavatsky**, a fundadora da Sociedade Teosófica; um marco na história do ocultismo. É do mesmo ano a primeira edição de *A Lógica da Pesquisa Científica*, do filósofo neopositivista **Karl Popper**.

1979 – É completada a edição em sete volumes do livro de **Wilson Martins,** *História da Inteligência Brasileira*, um marco na história da intelectualidade brasileira.

1980 – Primeira edição integral do clássico do esoterismo: *A Doutrina Secreta*, de **H. P. Blavatsky**, em seis volumes.

1984 – É publicado, pela Editora Pensamento, o *I CHING – O Livro das Mutações*, traduzido da versão alemã, sendo que esta é uma tradução direta do chinês arcaico e considerada, por especialistas, sua melhor edição ocidental. O prefácio do livro é de **Carl G. Jung**.

1985 – Publicação do livro *O Tao da Física*, de **Fritjof Capra**, um divisor de águas em termos de filosofia da ciência, unindo o "impossível": física quântica e filosofia oriental.

1986 – A Editora Pensamento lança o livro *Transmissões da Estrela-Semente*, de **Ken Carey**, trazendo para os leitores de língua portuguesa o fenômeno da canalização, ligado ao movimento Nova Era. E também é deste ano a publicação do *best-seller* de **Fritjof Capra**, *O Ponto de Mutação*.

1987 – É neste ano que se publica pela Editora Cultrix a primeira obra do filósofo **Ken Wilber** traduzida para a língua portuguesa: *Um Deus Social*.

1989 – É completada a trilogia das civilizações intraterrenas do filósofo da Nova Era, **Trigueirinho**: *Erks – Mundo Interno*; *Miz Tli Tlan – Um Mundo que Desperta*; e *Aurora – Essência Cósmica Curadora*. E as obras vendem muito bem, sendo inclusive lançadas em edições de bolso pela Nova Cultural e pelo Círculo do Livro.

1990 – Em uma belíssima tradução, feita por **José Luíz Archanjo**, PhD, e com apresentação de D. Paulo Evaristo Arns, sai a primeira edição, pela Editora Cultrix, do livro *O Fenômeno Humano*, de **Pierre Teilhard de Chardin**, considerado um dos livros mais importantes do século XX por várias personalidades do mundo da ciência, da filosofia e da religião, como, por exemplo, **Ilya Prigogine** e **James Lovelock**, o criador da Hipótese Gaia.

1993 – São publicados os primeiros dois títulos do que viria a ser um dos novos paradigmas editoriais da Editora Cultrix: os livros sobre administração, ligados à Nova Ciência e ao desenvolvimento sustentável. São eles: *O Empresário Criativo*, de **Roger Evans e Peter Russell**, e *O Trabalho Criativo*, de **Willis Harman e John Hormann**. Também é iniciada a parceria com a empresa de consultoria empresarial Amana-Key. O primeiro título em co-edição é *Pertencendo ao Universo*, de **Fritjof Capra**.

1997 – Ricardo Riedel assume a presidência das Editoras Pensamento e Cultrix. O primeiro lançamento, sob sua direção, é o livro *O Código da Bíblia*, de **Michael Drosnin** (pela Editora Cultrix), que une teologia à ciência da computação e a códigos criptografados na Bíblia. A obra gera grande controvérsia e polêmica na mídia e é um sucesso imediato de vendas. Neste mesmo ano é lançado pela Cultrix o livro *A Teia da Vida*, de **Fritjof Capra**, pioneiro em alfabetização ecológica.

1999 – Iniciada a coleção "Feng Shui", de Richard Webster, com o livro *Feng Shui para Quem Mora em Apartamento*. Mais uma amostra do pioneirismo da Editora, quando o termo mal era conhecido no Brasil.

2000 – O "petardo" ecológico *Capitalismo Natural* é lançado pela Editora Cultrix em parceria com a Amana-key. Nas palavras de Fritjof Capra em pessoa, "um marco no caminho da sustentabilidade ecológica".

2001 – Mais um pioneirismo. Quando o papel reciclado começou a ser usado apenas experimentalmente nesta época, a Editora Cultrix (também em parceria com a Amana-key) lança o *Guia para o Planeta Terra*, do dr. Art Sussman; para os terráqueos de 12 a 120 anos, feito totalmente em papel reciclado.

2003 – A parceria com o periódico *Meio & Mensagem*, voltado ao mercado de marketing, resulta na publicação de seu primeiro livro em co-edição, *Salto: Uma Revolução em Estratégia Criativa no Mundo dos Negócios*, de **Bob Schmetterer**.

2007 – A Editora Pensamento-Cultrix comemora 100 anos com vários eventos, dentre eles a criação do Museu Diaulas Riedel, na Editora; este livro comemorativo de seu centenário; além de uma edição limitada de seu primeiro título publicado, *Magnetismo Pessoal*, de **Heitor Durville**.

ANEXO IV

A Atual Família Pensamento-Cultrix; Funcionários e Colaboradores

Adilse Gomes Godoi Bueno	Maria Aparecida de O. Regino
Adilson Silva Ramachandra	Maria José Silva
Ailza Maria Cândido Macedo	Mário Silveira Diamantino
Alexander de Paiva Justra	Míriam dos Santos
Almir Willians Calixto	Nelson Jorge de Carvalho Martins
Célia Regina B. Romero Messias	Nilza Agua
Claudete da Silva Rocha	Olival Monteiro Filho
Cláudia Mayo Carillo	Reinaldo Matias de Vanconcelos
Denise de Carvalho R. Delela	Ricardo Ferraz Riedel
Edmário Pereira de Oliveira	Roseli de Souza Ferraz
Erika Chagas A. de Almeida	Sandra Regina F. dos Santos
Helenice dos Santos	Sandro Gomes de Santana
Herick Israel Guariente	Sue Ellen Messias dos Anjos
Ilário Luiz dos Santos	Suzana Riedel Dereti
Indiara Faria Kayo	Thays Gomes Almeida Sipriano
José Antônio de Rosa	Therezinha B. Guilherme
José Aparecido da Costa	Valdete Conceição do Nascimento
José Vicente da Silva	Valdir P. Caldas
Leandro Borini	Verônica Maria Gomes
Luiz Carlos Raimundo	Yociko Oikawa
Marcos Alves da Silva	Zilda Hutchinson Schild Silva

FONTES

Entrevistas
Armando Antongini Filho – Câmara Brasileira do Livro.
Célia Regina Romero – Funcionária da Editora Pensamento-Cultrix.
Cosmo Juvela – Editora Meca e ex-funcionário da Editora Pensamento.
Dirceu Pinheiro no período de 1984 a 2006 – Delegado Geral do Círculo Esotérico da Comunhão do Pensamento.
Ignêz de Castro Carvalho – Biblioteca Arthur Riedel, São Roque, SP.
José Antônio de Rosa – Funcionário da Editora Pensamento-Cultrix.
Karin Schindler – Agente literária.
Leandro Meloni – Ex-funcionário/funcionário aposentado da Editora Pensamento.
Maria Aparecida de O. Regino – Funcionária da Editora Pensamento-Cultrix.
Oswaldo Siciliano – Livrarias Siciliano.
Ricardo Ferraz Riedel – Diretor-presidente da Editora Pensamento-Cultrix.
Roberto Moraes e Júlio Cruz – Catavento Distribuidora de Livros.
Rosely Boschini – Câmara Brasileira do Livro.
Sônia Café – Autora da Editora Cultrix.
Therezinha B. Guilherme – Funcionária da Editora Pensamento-Cultrix.
Trigueirinho – Autor *best-seller*, filósofo e palestrante.
Valdir P. Caldas – Funcionário da Editora Pensamento-Cultrix.

Periódicos
*Notícias Literária*s (Números 1 a 18, do período 1958-1967).
O Pensamento – Anos 1907, 1908, 1909, 1914, 1917, 1925, 1926, 1930, 1932, 1943, 1946, 1952, 1953, 154, 1956, 1957, 1961, 1964, 1968.

Almanaque do Pensamento
Anos 1907, 1908, 1909, 1913, 1914, 1917, 1922, 1925, 1926, 1930, 1932, 1943, 1946, 1952, 1953, 154, 1956, 1957, 1961, 1964, 1968.

Catálogos antigos da Editora Pensamento-Cultrix
Anos 1941, 1950, 1951, 1952. 1963. 1967, 1974, 1975, 1976, 1977, 1978, 1979, 1980, 1888, 1990, 1991-2006.

BIBLIOGRAFIA

Abreu, Alzira Alves de – *A Modernização da Imprensa* (1970-2000) – Rio de Janeiro. Jorge Zahar Editor, 2002.

Amorim, Sônia Maria de – *Em Busca do Tempo Perdido* – Edição de Literatura Traduzida da Editora Globo (1930-1950) – São Paulo. EDUSP, 2000.

Asimov, Isaac – *Cronologia das Ciências & Descobertas* – Rio de Janeiro. Civilização Brasileira, 1993.

Asimov, Isaac – *Gênios da Humanidade* – Rio de Janeiro. Bloch Editores, 1976.

Axelrod, Alan – *Ciência a Jato* – Rio de Janeiro. Record, 2005.

Azevedo, Antonio Carlos do Amaral – *Dicionário de Nomes, Termos e Conceitos Históricos* – 3ª edição ampliada e atualizada, Rio de Janeiro. Editora Nova Fronteira, 1999.

Azevedo, Carmen Lucia de; Camargo, Márcia; Saccheta, Vladimir – *Monteiro Lobato – Furacão na Botocundia* – São Paulo. Editora Senac, 1998.

Barbour, Ian G. – *Quando a Ciência Encontra a Religião* – São Paulo. Editora Cultrix, 2004.

Bennassar, Bartolomé & Marin, Richard – *História do Brasil* – Lisboa/Portugal. Teorema, 2000.

Blavatsky, Helena P. – *Glossário Teosófico* – 3ª edição, São Paulo. Editora Ground, 1995.

Broca, Brito – *A Vida Literária no Brasil – 1900* – Rio de Janeiro. José Olímpio Editora, 2004.

Bueno, Eduardo – *Brasil: Uma História – A Incrível Saga de um País* – São Paulo. Editora Ática, 2002.

Bueno, Taciano – *O Espiritismo Confirmado pela Ciência* – São Paulo. J.R. Editora, 2006.

Cabral, Álvaro & Nick, Eva – *Dicionário Técnico de Psicologia* – 14ª edição revista e ampliada, São Paulo. Editora Cultrix, 2006.

Câmara Brasileira do Livro – *60 anos* – São Paulo. Câmara Brasileira do Livro, 2006.

Camargos, Márcia – *Villa Kyrial – Crônica da Belle Époque Paulistana* – 2ª edição, São Paulo. Ed. Senac São Paulo, 2000.

Capra, Fritjof – *O Tao da Física* – São Paulo. Editora Cultrix, 1985.

Capra, Fritjof – *O Ponto de Mutação* – São Paulo. Editora Cultrix, 1986.

Cardoso, Rafael (org.) – *O Design Brasileiro Antes do Design – Aspecto da História Gráfica 1870-1960* – São Paulo. Cosac & Naify, 2005.

Carneiro, Maria Luizas Tucci (org.) – *Livros Proibidos, Idéias Malditas* – São Paulo. Ateliê Editorial/FAPESP, 2002.

Carneiro, Maria Luizas Tucci (org.) – *Minorias Silenciadas – História da Censura no Brasil* – São Paulo. FAPESP/EDUSP, 2002.

Cavalcanti, Pedro & Delion, Luciano – *São Paulo: A Juventude do Centro* – São Paulo. Grifo, Projetos Históricos & Editoriais, 2004.

Cavendish, Richard (ed.) – *Enciclopédia do Sobrenatural* – Porto Alegre. L&PM Editora, 2002.

Coleção Mistérios do Desconhecido – *Seitas Secretas* – Rio de Janeiro. Abril Livros/Time-Life, 1992.

D'Araújo, Maria Celina – *O Estado Novo* – Rio de Janeiro. Jorge Zahar Editor, 2000.

De Gerin, Ricard L. – *História do Ocultismo* – Rio de Janeiro. Bloch Editores, 1966.

Donato, Hernani – *100 Anos da Melhoramentos* (1890-1990) – São Paulo. Editora Melhoramentos, 1990.

Doucet, Friederich W. – *O Livro de Ouro das Ciências Ocultas* – Rio de Janeiro. Ediouro, 1990.

Doyle, Arthur Conan – *História do Espiritismo* – São Paulo. Editora "O Pensamento", 1952.

Drury, Nevill – *Dicionário de Magia e Esoterismo* – São Paulo. Editora Pensamento, 2004.

Durville, Heitor – *Magnetismo Pessoal* – São Paulo. Emp. Editora "O Pensamento", 1907.

Fausto, Boris – *História do Brasil* – São Paulo. EDUSP, 2004.

Filho, Licurgo S. de Lacerda – *Os Primeiros Anos do Espiritismo e Mediunidade no Brasil* – Araguari/MG. Minas Editora, 2005.

Frieiro, Eduardo – *Os Livros Nossos Amigos* – São Paulo. Editora "O Pensamento", 1957.

Fry, Plantagenet Somerset – *História do Mundo* – Lisboa, Portugal. Livros e Livros, 1996.

Goodwin, C. James – *História da Psicologia Moderna* – 2ª edição, São Paulo. Editora Cultrix, 2007.

Galway, James – *A Música no Tempo* – São Paulo. Martins Fontes, 1987.

Graziani, Walter – *Hitler Ganhou a Guerra* – São Paulo. Palíndromo, 2006.

Homem, Maria Cecília Naclério – *O Palacete Paulistano & Outras Formas Urbanas de Morar da Elite Cafeeira* (1867-1918) – São Paulo. Martins Fontes, 1996.

Kinney, Jay (org.) – *Esoterismo e Magia no Mundo Ocidental* – São Paulo. Editora Pensamento, 2006.

Lindoso, Felipe – *O Brasil Pode Ser um País de Leitores – Políticas Para o Livro* – São Paulo. Summus Editorial, 2004.

Lorenz, Francisco Valdomiro – *Uma Obra com Vida* – São Paulo. Editora Lorenz, 2000.

Lourenço Prado – *Alegria e Triunfo* – São Paulo. Editora "O Pensamento", s/d.

M. Morse, Richard – *Formação Histórica de São Paulo (de comunidade a metrópole)* – São Paulo. Difusão Européia do Livro, 1970.

Magnani, José Guilherme – *O Brasil da Nova Era* – Rio de Janeiro. Jorge Zahar Editor, 2002.

Martins, Ana Luiza – *Revistas em Revista – Imprensa e Práticas Culturais em Tempo de República* – São Paulo. EDUSP/FAPESP, 2001.

Martins, Wilson – *História da Inteligência Brasileira* (7 volumes) – São Paulo. Editora Cultrix, 1976-1979.

MASP – *História da Tipografia no Brasil* – São Paulo. MASP/Catálogo da Exposição, 1979.

Melo, Chico Homem – *O Design Gráfico Brasileiro – anos 60* – São Paulo. Cosac & Naify, 2005.

Meyer, Marlyse (org.) – *Do Almanak aos Almanaques* – São Paulo. Ateliê Editorial/Memorial, 2001.

Mindlin, José – *Uma Vida Entre Livros – Reencontros com o Tempo* – São Paulo. EDUSP/Companhia da Letras, 1997.

Monteiro, Eduardo Carvalho – *100 Anos de Comunicação Espírita em São Paulo* – São Paulo. Madras espírita, 2003.

Monteiro, Eduardo Carvalho – *História da Rádio Difusão Espírita* – São Paulo. U.S.E./Madras espírita, 2004.

Monteiro, Eduardo Carvalho – *Memórias de Bezerra de Menezes* – São Paulo. Madras espírita, 2005.

Peale, Norman Vincent – *O Poder do Pensamento Positivo* – São Paulo. Editora Cultrix, 1956.

Perkins, John – *Confissões de um Assassino Econômico* – São Paulo. Editora Cultrix, 2005.

Pontes, José Alfredo Vidigal – *São Paulo de Piratininga: de Pouso de Tropas a Metrópole* – São Paulo. O Estado de São Paulo/Editora Terceiro Volume, 2004.

Reis, Daniel Aarão – *Ditadura Militar, Esquerdas & Sociedade* – Rio de Janeiro. Jorge Zahar Editor, 2002.

Riedel, Arthur – *Hei de Vencer* – São Paulo. Editora "O Pensamento", 1952.

Russo, Jane – *O Mundo Psi no Brasil* – Rio de Janeiro. Jorge Zahar Editor, 2002.

Sabadin, Celso – *Vocês Ainda não Ouviram nada. A Barulhenta História do Cinema Mudo* – 2ª edição, São Paulo. Lemos Editorial, 2000.

Schlesinger, Hugo & Porto, Humberto – *Dicionário Enciclopédico de Religiões* – Petrópolis, RJ. Vozes, 1995.

Schwarcz, Lília Moritz: com Paulo Cesar de Azevedo & Angela Marques da Costa – *A Longa Viagem da Biblioteca dos Reis – do Terremoto de Lisboa à Independência do Brasil* – São Paulo. Companhia das Letras, 2002.

Seligman, Kurt – *História da Magia* – Lisboa/Portugal. Edições 70, 1974.

Sesso Jr., Geraldo – *Retalhos da Velha São Paulo* – São Paulo. OESP-MALTESE, 1986.

Tabone, Márcia – *Psicologia Transpessoal* – 7ª edição, São Paulo. Editora Cultrix, 2005.

Toledo, Benedito Lima de – *São Paulo: Três Cidades em um Século* – São Paulo. Cosac & Naify/Duas Cidades, 2004.

Trigueirinho – *Glossário Esotérico* – 3ª edição, São Paulo. Editora Pensamento, 1997.

Wantuil, Zêus – *Grandes Espíritas do Brasil* – Rio de Janeiro. FEB, 1969.

Weguelin, José Marcos – *Memória Espírita: Papéis Velhos e Histórias de Luz* – Rio de Janeiro. Editora Leon Denis, 2005.

Zaid, Gabriel – *Livros Demais – Sobre Ler, Escrever e Publicar* – São Paulo. Summus Editorial, 2004.

SOBRE O AUTOR

Adilson Silva Ramachandra é proprietário da empresa "Straässwark Consultoria em Projetos Históricos e Editoriais Ltda.". Trabalha como consultor editorial para as Editoras Pensamento-Cultrix e Aleph. Tem 34 anos e mora em São Paulo.